짐 로저스의 일본에 보내는 경고

짐 로저스의 일본에 보내는 경고

돈의 흐름으로 본
일본과 한반도의 미래

짐 로저스 지음 | 고사토 하쿠에이 감수 | 오시연 옮김

이레미디어

변화를 주시하고
스스로 생각하는 사람에게
기회가 온다

내가 투자가로 성공할 수 있었던 이유는 시대의 변화를 간파하
는 능력을 가지고 있기 때문이다. 변화를 놓치지 않으면 미래가
보인다. 이는 복잡한 현대 사회에도 그대로 적용된다. 비단 투자
만이 아니다. 일이든, 인생 자체이든 어떤 것에서 성공을 거두고
싶다면 미래를 예측할 수 있어야 한다.

그렇다고 해서 내가 미래를 예견하는 초능력을 가졌다는 말은
아니다. 지금까지 중국의 대두, 리먼 브라더스 사태, 트럼프 대통
령 당선 등을 예측할 수 있었던 것은 '매일 일어나는 작은 변화'를

주시하고 그것이 어떤 의미가 있을지 스스로 생각했기 때문이다. 그렇다. 앞으로 무슨 일이 일어날지 예측하고 싶다면 지금 일어나고 있는 작은 변화들을 놓치지 말아야 한다.

변화는 어느 날 갑자기 일어나지 않는다. 세상을 뒤흔들 엄청난 일도 아주 사소한 변화에서 출발한다. 사람들이 무언가가 변했다는 것을 알아차리고 입 밖으로 내기 훨씬 전부터 변화는 우리 앞에 예사로운 모습으로 알짱거린다.

변화를 주시하는 것을 두려워하는 사람도 있다. 변화라는 것이 어떤 사람의 눈에는 사회가 개방되는 과정으로 비치지만 어떤 사람의 눈에는 문이 닫혀가는 과정으로 비치기 때문이다. 그러나 변화하는 상황을 보고 '옛날이 더 좋았지'라며 한탄하는 것은 밀려오는 거센 탁류를 되돌리려는 저항과 같다. 아주 잠깐은 저항할 수 있을지 몰라도 얼마 못 가 힘이 다할 것이다.

변화를 받아들이고 적응하는 사람은 이 세상에서 성공을 거둘 수도, 행복하게 살 수도 있다. 반대로 변화를 꺼리는 사람은 대체로 성공하지 못하고, 행복을 느끼는 일도 드물다. 이것이 진리다. 변화는 일어나기 마련이라고 수긍하는 것이 성공하기 위한 첫 번째 조건이다. 또 지금 일어나는 일도, 앞으로 일어날 일도 역사 속에 답이 있다는 것을 명심해야 한다.

이 책의 제1장에서는 일본이 당면한 과제를 다루었다. 일찍이 눈부신 경제 성장을 이룩해 세계를 놀라게 한 일본도 지금은 쇠퇴의 길을 걷고 있다. 막대한 재정 적자와 저출산이라는 근본적 문제를 이대로 내버려두면 그 끝은 파멸이다. 제2장에서는 이런 일본의 문제를 뿌리 뽑을 내 나름의 해결책을 제시했다. 정부나 기업 차원의 해결책도 있지만, 일본인 각자가 인식을 바꾸고 노력함으로써 개선될 수 있는 문제도 있으므로 개개인의 생존을 위해서라도 꼭 행동으로 옮겼으면 한다.

제3장에서는 내가 어떤 식으로 세계의 변화 양상을 살펴왔는지, 지금 내 눈에 보이는 세계의 변화를 이야기했다. 오랫동안 패권국으로 존재한 미국의 쇠퇴와 그 자리에 올라설 중국에 관해서다. 나아가 김정은의 등장으로 일어나는 한반도의 변혁과 기회를 말했고, 오랫동안 투자처로서는 꼴찌로 꼽았던 러시아에서 보이는 긍정적 변화의 징조를 정리했다.

제4장과 제5장에서는 새로운 시대를 사는 개개인에게 필요한 조언을 담았다. 제4장에서는 성공하고 싶은 사람이 피해야 하는 선입견과 생각을, 제5장에서는 투자에 성공하기 위해 내가 늘 염두에 두는 점을 짚어보았다.

이 책을 읽으면 세상의 현실을 바라보는 역량을 키울 수 있을 것이다. 인생에서 성공하려면 어떤 일을 하든지 세상을 자신만의 관점으로 봐야 한다. 국내만 보고 있으면 내 나라의 절반밖에 보이지 않는다. 세계를 봐야만 비로소 내 나라의 모든 것이 보이고, 세계 속에서의 내 위치를 알 수 있다. 변해가는 세상에서 자신의 강점과 약점, 흥미, 관심 분야를 파악하면 성공이 구체적인 모습으로 다가올 것이다.

나는 독자 여러분이 이 책을 재미있게 읽고, 여기서 다루는 과제를 근본적으로 해결할 방책을 발견하기를 바란다. 또 이 책으로 눈을 뜬 사람들이 앞으로의 인생을 멋지게 보내기를 진심으로 바란다. 행동하는 개인이 모이면 어느 나라든 더욱 위대한 모습으로 거듭날 수 있다.

내가 책에 사인할 때 늘 덧붙이는 글귀가 있다.

'Life is short, ride hard far, make it happen.'

인생은 짧다. 그러니 힘차게 멀리 여행을 떠나고 열심히 일하자. 그러면 이루어진다. 성공을 향한 첫걸음을 내디뎌보자.

짐 로저스

차
례

2 일본인이 극복해야 할 과제

3   변화를읽으려면미국, 중국, 한반도를주목하라

④ 가족과 돈을 지키기 위한 9가지 성공 법칙

짐로저스의
일본에
보내는경고

1

일본인이 외면하는
파국을 향한 미래

일본은 오랫동안 막대한 재정 적자에 시달려왔다.

그런 한편, 세금과 사회보장비용을 부담할 사람 수는 줄고 있다.

재정 적자가 감소하기는커녕 증가하는 상황에서

인구 감소는 치명적인 위험 요소다.

2018년 가을, 나는 일본 주식을 전부 팔았다.

지금은 주식이든 통화든 일본과 관련된 자산은

아무것도 갖고 있지 않으며, 앞으로 살 생각도 없다.

일본 경제를 파괴하는 아베노믹스가 지속되고

인구 감소 문제를 해결하지 못하는 한,

이 판단을 거두지 않을 것이다.

뭔가 이상하다고
생각하면서도

　도쿄는 언제 방문해도 즐겁다. 그곳에 가면 세계 최고 수준의 음식을 비롯해 풍요로운 문화를 마음껏 즐길 수 있다. 미리 말해두지만, 일본은 내가 정말 좋아하는 나라 중 하나다. 하지만 요즘 일본인들을 보면 뭔가가 마음에 걸린다. 하나같이 낯빛이 어둡다. 화가 난 것은 아니지만 뭔가 불안해 보인다. '뭔가 이상하다'라고 생각하면서도 무엇이 이상한지 근본적인 원인을 모르겠다는 표정이다. 전 세계를 여행하며 수많은 사람을 봐온 내게는 일본인들의 표정이 그렇게 읽힌다.

　이 장에서는 일본이 당면한 문제를 이야기하고자 한다. 소소한 문제점들이야 일본에 사는 사람들이라면 이미 느꼈을 것이다. 여기서는 그런 문제를 발생시키는 근원을 짚어보겠다. 그에 대한 근본적인 해결 방안은 다음 장에서 다루겠다.

　문제 제기에 앞서 '이번에는 다르다', '일본은 다르다'라는 인식은 통하지 않는다는 점부터 말하겠다. 그렇게 고집하면 내가 문제를 제기하는 의미가 없기 때문이다. 불과 몇십 년 전의 일만 살펴봐도 그런 생각이 사실이 아님을 알 수 있다. 나는 이 생각이 위험을 알리는 신호로 느껴진다. 만약 당신이 투자 행위를 하고 있다면 더더욱 이런 생각에 갇혀있어서는 안 된다.

　거품경제의 절정기에 살았던 일본인들도 "이번에는 다르다", "일본은 다르다"라고 말했었다. "이건 거품이 아니다", "일본은 괜찮다"라고 말이다. 하지만 당시의 일본은 역사를 배운 사람이라면 누가 봐도 알 수 있을 정도로 분명히 거품이었다.

　1990년, 일본의 한 신문에 골프회원권의 시세가 100만 달러를 갱신했다는 기사가 났다. 그때 나는 이것은 투기적 거품임을 직감했다. 골프회원권이 100만 달러인 나라가 대체 어디 있단 말인가. 당시 일본 부동산도 무섭게 올랐다. '일왕이 사는 황궁 근처는 미국 플로리다 주를 합친 것보다 비싸다'라는 말이 나올 정도였다.

일본에는 실체적 가치가 없는 금융 자산이 가득했고, 사람들은 거기에 열광했다.

나는 당시 일본의 골프회원권처럼 어떤 자산이 터무니없는 시세로 거래되면, 한 걸음 물러나 '뭔가 이상하지 않아?' 하고 스스로에게 물어본다. 그래야 거품에 말려들지 않기 때문이다. 미국에서도 2000년경 IT 붐을 일으킨 닷컴버블에 열광했던 시절에는 저명한 경제지인 《월스트리트저널》마저 '신경제(The New Economy)'라는 신조어를 만들어냈다. 하지만 그때 미국이 겪은 것은 전혀 새로운 경제가 아니었다.

신(新)시대, 신경제 따위는 존재하지 않는다. 언론 매체도 그 점을 알아차렸는지 '신경제'라는 용어를 고유명사로 잠깐 사용하다가 말았다. 하지만 어떤 새로운 기술이나 현상이 화두가 되면 사람들은 또다시 같은 잘못을 저지른다.

나는 10여 년 전부터 일본 사회에 도사린 문제들을 지적해왔다. 저출산 고령화, 막대한 재정 적자에 따라 누적되는 장기 부채 등 지금은 상당수의 일본인도 인식하는 문제에 관해서다. 하지만 내가 보기에 일본인은 문제를 인식하면서도 적극적으로 해결하려 하지는 않는 듯하다. 또 한 번 괜찮다는 근거 없는 생각에 사로잡혔기 때문이 아닐까? 2010년, 그리스가 재정 파탄을 일으켜 혼란의 도가니에 빠졌던 일을 모르는 사람은 없을 것이다. 그런데도 일본인들은 일본과 그리스는 다르다고 생각하며 어제와 같은 방식으로 오늘을 살고 있다.

하지만 지금은 어떨까? 겉으로는 어떻든 속으로는 "일본은 무슨 일이 있어도 괜찮다"라는 말을 굳게 믿는 것 같지 않다. 그 예로 대다수의 일본인이 일본의 공적연금제도가 언젠가 파탄 나지 않을까 우려하고 있다.

'일본은 괜찮다'라는 근거 없는 믿음과 미래에 대한 낙관을 보장해온 각종 제도를 의심스러워하는 마음이 슬금슬금 고개를 들었다. 내면에서 느끼는 모순점을 '이상하다'라고 생각하면서도 근본적인 원인을 찾지 못한다. 그러니 이런저런 제도가 파탄 날 가능성을 감지하긴 했지만, 파국을 향한 미래를 구체적으로 어떻게 피해야 할지는 도무지 알 수가 없다. 내 눈에는 그렇게 보인다.

과거에 그랬듯 지금도 '이번에는 다르다', '일본은 다르다'라는 생각은 통하지 않는다. 저출산 고령화와 막대한 장기 부채를 방치해도 파탄나지 않는 경제 체제는 애당초 존재하지 않기 때문이다.

길을 잃은 경제 대국

　파탄은 원래 서서히 찾아온다. 리먼 브라더스 사태(미국 투자은행 리먼 브라더스가 2008년 9월 15일, 뉴욕 남부법원에 파산보호를 신청하면서 글로벌 금융위기의 시발점이 된 사건-옮긴이)가 터졌을 때도 그랬다. 나뭇가지가 조금씩 힘을 받으면 어느 시점에 '탁' 하고 부러지듯, 사람들은 돌이킬 수 없는 상황에 닥쳐서야 '아뿔싸!' 하고 후회한다.

　리먼 브라더스는 160년 가까이 존속했고, 사람들은 언제까지나 굳건하리라 믿었다. 하지만 리먼 브라더스는 어느 날 갑자기 사라졌다. 리먼 브라더스와 마찬가지로 일본에 파국의 날이 시시각각 다가오고 있다. 일본인이 꾸물거리며 아무 대책을 취하지 않는다면, 50년 뒤 일본은 상상하지 못할 정도로 쇠락할 것이다. 일본에서 풍요로움이 사라지다니, 이 얼마나 안타까운 일인가.

멋진 관광지인 일본은 그에 걸맞게 풍성한 문화와 전통을 자랑한다. 또 세계 최고 수준의 기반 시설이 갖추어져 있다. 일본보다 기반 시설이 잘되어 있는 나라를 떠올릴 수 없을 정도다. 신칸센(고속열차)과 지하철을 비롯한 모든 것이 원활하게 기능한다.

1990년경 세계일주를 하던 중 일본을 방문했을 때, 근대적인 기반 시설이 잘 갖추어진 모습을 보고 진심으로 놀랐다. 고속도로의 전광판에는 그 길을 따라가면 나오는, 여러 도시까지 걸리는 소요 시간이 표시되어 있었다. 잘 포장된 주요 도로 표면에는 점멸등이 매립되어 있어 저 앞에 커브길이 나올 것임을 미리 알 수 있었다. 비가 내려도 쾌적하게 쇼핑을 즐길 수 있도록 지어진 상가, 시각 장애인을 배려한 유도용 블록(점자 블록) 등 시야에 들어오는 모든 광경에서 일본의 풍요로움을 느낄 수 있었다. 실제로 당시에는 세계 1위의 외환보유고를 자랑하던 나라였다.

지금은 아무도 기억하지 못할 수도 있지만, 태평양 전쟁이 끝난 뒤 오랫동안 일본인은 규율에 따라 열심히 일하며 품질 좋은 제품을 만들어왔다. 그리고 국가 부채도 별로 없었다. 1970~1980년대의 일본은 당시의 선진국들을 추월해 수십 년간 세계에서 가장 성공한 나라로 위상을 떨쳤다. 거품경제가 붕괴한 뒤에도 10여 년 동안은 그다지 절망적인 상황은 아니었다.

그러나 첫 방문 후 몇 년 뒤에 다시 일본을 찾았을 때, 나는 일본이라는 경제 대국이 고질적인 문제를 가지고 있음을 느꼈다. 내게는 일본이 '길을 잃은 거인'처럼 보였다. 나는 2003년에 출간한 《짐 로저스의 어드벤처 캐피털리스트》(한국에서는 2004년에 출간 - 옮긴이)에 그 상황을 담았다. 그때는 실금처럼 보였던 작은 변화가 지금은 누구나 알 수 있을 정도로 커지고 균열이 생겼다.

일본이 당면한 구체적인 문제점이 무엇인지 이 장에서 살펴보겠지만, 만약 문제를 해결하지 못한다면 몇 세기 후에는 이 세상에서 일본어를 쓰는 사람이 사라질지도 모른다. 일본인의 피를 잇는 사람들이 있다 해도, 그들은 틀림없이 중국어나 한국어로 말할 것이다.

패권국은 근린국들을 직간접적으로 지배하는 법이다. 원래 일본인은 중국어에서 차용한 한자를 사용했으므로 중국어를 쉽게 받아들일 가능성이 크다.

아이도 낳지 않고 이민자도 받아들이지 않는 일본

일본의 문제는 말할 것도 없이 인구 구성에서 기인한다. 세계 최저 출생률을 기록했고, 국민 연령의 중앙값이 높은 나라 중 하나다. 21세기를 넘기지 못하고 인구가 반토막이 날 것이 틀림없다.

이후에 자세히 다루겠지만 일본은 오랫동안 막대한 재정 적자에 시달려왔다. 그런 한편, 세금과 사회보장비용을 부담할 사람 수는 줄고 있다. 재정 적자가 감소하기는커녕 증가하는 상황에서 인구 감소는 매우 치명적인 위험 요소다.

현재 일본의 인구를 유지하려면 여성 한 명이 2.1명의 아이를 낳아야 한다고 한다. 그것이 불가능하다면 외국에서 이민자를 받아들여야 한다. 그런데 일본인은 외국인을 꺼리는 경향이 있어 좀처럼 이민자를 늘리지 못하고 있다.

　　아이를 낳기도 싫고, 이민자를 받아들이기도 싫다면 생활 수준 저하를 인정하는 수밖에 없다. 하지만 고도경제 성장기의 달콤한 체험을 한 일본인은 그렇게 하기는 또 싫어한다. 사실 누구나 현재의 생활 양식을 유지하고 싶어 한다. 그래서 지금 일본은 미래로부터 돈을 빌려(국채 발행) 생활 수준을 유지하고 있다. 하지만 일본의 기업들이 내부 유보금을 쌓아두기만 하고 좀처럼 직원들의 급여에 반영하지 않아 생활 수준은 이미 슬금슬금 떨어지고 있다.

　　일본인들은 이런 상황을 내버려두었을 때 언젠가 필연적으로 일어날 현실을 직시하려 하지 않는다. 일본의 아이들, 즉 이후 세대의 파멸이라는 현실을. 일본의 아이들에게는 가엽게도 어른들이 저지른 일을 뒤치다꺼리해야 하는 미래가 기다리고 있다. 내가 만약 일본에 사는 열 살짜리 아이라면 하루빨리 일본을 떠날 것이다. 중국이나 한국으로 이주하는 편이 훨씬 풍요롭게 살 수 있는 방법이기 때문이다. 앞으로 일본의 많은 가정에서 "엄마, 우리는 왜 외국에서 살지 않아요?"라는 대화가 오갈 것이다. 그때 부모들은 뭐라고 대답할까?

인구 감소와 부채에 대한 대책을 강구하지 않으면 일본은 쇠퇴의 길을 걸어갈 것이 분명하다. 착각하지 말길 바란다. 이는 내 개인적인 '의견'이 아니다. 의견에는 다른 의견을 제시할 수 있지만, 이 문제는 산수를 할 수 있으면 누구나 풀 수 있을 만큼 단순한 '진실'이다. 즉 앞으로 일어날 파탄은 일본인이 스스로 결정한 것이다. 그들은 진심으로 그런 미래가 오기를 바라는 걸까?

경제 성장을 원하거나 최소한 지금의 생활 수준을 유지하고 싶다면 지금 당장 인구를 늘려야 한다. 인구 증가를 위해 해야 할 일은 다음 장에서 다루었다. 지금은 일단 일본이 가진 문제를 계속해서 살펴보자.

과거의 실패를 오히려 강화하는 일본 정부

　막대한 부채를 짊어진 채 빨리 달리기란 상당히 힘든 일이다. 일본인은 근면하고 유능하기 때문에 부채가 없으면 무척 빨리 달릴 수 있을 것이다. 하지만 지금은 부채라는 족쇄가 채워진 상태다. 일본 정부도 항상 부채 상환을 우려하며 이자를 지급해야 하니 경제 성장에 주력할 수가 없다.

　1955년 이후, 거의 줄곧 여당이었던 자유민주당의 정치가들은 쓸데없는 공공사업을 계속해 재정 적자를 키워왔다. 공공사업은 그 지역 유권자와 지방 정치가들의 환심을 사는 것 말고는 아무 의미가 없다. 그런 악습은 일본의 상태를 악화시킬 뿐이다.

일본을 여행했을 때 넓디넓은 논이 펼쳐진 지역을 지나면서 고속도로가 지방 곳곳으로 이어져 있다는 사실을 깨달았다. 차가 거의 다니지 않는 도로였다. 대체 이때까지 얼마나 많은 일본의 세금이 지방에 돈을 유입한다는 목적만으로 낭비가 된 것일까?

표 1을 보면 알 수 있듯, 2018년 말 예산에 따르면 일본이 안고 있는 장기 국채는 지방채를 제외하고도 947조 엔에 달한다. 10년 전인 2008년에는 607조 엔으로, 그때도 이미 일본의 GDP를 뛰어넘는 수준이었다. 그 후 매년 무서운 속도로 부채가 증가하고 있다. 과거 10년 동안 근린 아시아 국가들이 얼마나 발전했는지 생각하면 그 격차에 현기증이 느껴질 정도다. 재정수지(정부가 거두어들이는 재정의 수입과 지출의 차이-옮긴이)의 균형을 이루는 데 실패한 일본은 부채 상환을 위해 공채를 발행하는 악순환에서 빠져나오지 못하고 있다. 일본은 말 그대로 내부에서 좀먹어가는 상태다.

이대로 가면 지금 열 살인 일본 아이가 마흔 살이 될 무렵에는, 일본의 부채는 눈 뜨고 볼 수 없을 지경이 될 것이다. 지금은 일본 정부가 일본인에게 마음껏 국채를 판매할 수도 있고, 국채를 매입할 외국인도 있다. 하지만 언젠가 일본의 재정 파탄 상태가 뚜렷이 나타나 더는 국채가 팔리지 않으면 일본 정부는 부득이 금리를

표 1 | 일본의 장기 채무 잔고 추이

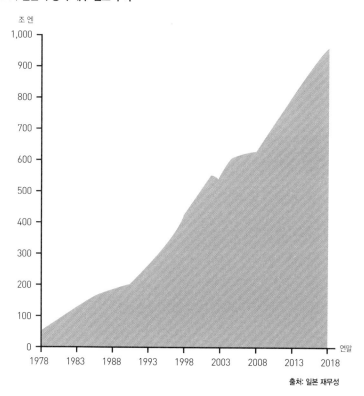

조 엔

출처: 일본 재무성

올려야 한다. 그때 일본은 높은 금리로 인해 더욱 증가한 부채와 마주해야 한다.

일본 정부는 계속해서 연금제도를 유지할 것이라고 말했지만 어떤 단계에 이르면 연금 수급액을 대폭 줄여야 할 것이다. 나라 면 받지도 못할 일본의 연금에 돈을 내느니, 그 돈으로 중국이나 러시아, 한국에 투자하겠다.

제2차 세계대전 후, 일본은 출발선에서 전력 질주한 끝에 세계가 놀랄 정도로 부흥했다. 하지만 도중에 넘어지더니 이젠 그 자리에 주저앉아버렸다. 일본 정부가 정권 유지를 위해 파산한 기업을 구제하는 식으로 국민의 실패를 뒤치다꺼리한 것도 문제다. 일본은 잃어버린 20년이라는 시기에 실패를 극복하기는커녕 오히려 강화했다.

이것이 바로 종말의 시작이다. 자본주의의 장점은 자라나는 새싹을 키우는 방식에 있다. 그런데 그와 정반대 방향으로 달리더니, 그것도 모자라 낡은 방식을 고수하는 사람들을 지키려 한 결과, 지금의 참상이 일어났다.

일본이라는 토양에서는 새로운 사람이나 기업이 싹을 틔워 자라기가 어렵다. 정부가 편을 들어주는 사람들과 경쟁해야 하기 때문이다. 특히 외국인이 일본에서 기업을 성공시키기는 매우 어려운 상황이므로 미국과 중국처럼 뛰어난 벤처기업이 성장하지도 못했다.

파산을 면한 구태의연한 사람들은 기득권을 지키기 위해 자유민주당을 지지한다. 그리고 그들은 활력 있는 청년층과 외국인보다 구태의연한 사람들을 감싼다. 이 상황이 계속되면 언젠가 일본 전체가 쇠퇴하고, 국민은 빈곤의 늪에 빠질 것이다.

구로다 일본은행 총재의
엔저 정책이 경제를 망친다

아베 정권은 엔화 가치를 낮추려 한다. 아베노믹스로 엄청난 규모의 금융 완화가 시행되었고, 일본은행은 일본의 국채를 매입한다는 전대미문의 금융 정책을 펼쳤다. 2016년 9월에는 '금융 완화 강화를 위한 새로운 시스템'이라는 명목하에 지정 금리로 국채를 무제한 매입하는 제도를 새로 도입했다. 이른바 공개시장조작(Open market operation, 공개시장에서 국공채를 매입 또는 매각함으로써 통화량과 이자율을 조절하는 정책 - 옮긴이)이다. 쉽게 말해, 지폐를 무한대로 찍어내는 것과 같다.

무한대로 찍어내는 지폐라니! 과거의 일본을 생각하면 상상할 수 없는 사태다. 지금으로부터 30년 전, 일본은 근면한 국민성과 건전한 재정 상태를 유지하는 나라로 세상에 알려졌다. 중앙은행이 자진해서 돈을 찍어내 엔화 가치를 망치리라고는 아무도 생각하지 못했다. 일본인이 들으면 기분 나쁜 말이겠지만 20년 후 엔화 가치는 지금보다 훨씬 더 떨어질 것이고, 미국 달러뿐 아니라 한국 원보다 가치가 없을 것이다.

이는 머리가 이상한 외국인의 헛소리가 아니라 역사적 사실에 입각한 예측이다. 세계 역사를 살펴봤을 때, 재정적으로 문제가 있는 나라의 자국 통화는 예외 없이 가치가 떨어졌다. 일찍이 영국 통화인 파운드가 1파운드당 5달러였던 시대가 있었음을 떠올리자. 지금은 1파운드당 1.3달러다. 일본인은 과거에 이런 일이 실제로 일어났다는 사실을 직시해야 한다.

일본인이 전후의 가난에서 탈출할 수 있었던 것은 오랫동안 많은 무역 흑자를 축적해 세계 최대 규모의 외환보유고를 비축했기 때문이다. 전쟁이 끝난 뒤 아무것도 없는 절망적인 상황에서 엔화는 아무 가치가 없었다. 그래서 일본인은 외화 획득을 위해 품질 좋은 제품을 만드는 데 매진했다. 정말 올바른 전략이었다.

1957년부터 1970년까지 일본 경제는 미국의 몇 배나 빠른 속도로 연 10퍼센트씩 성장했다. 그리고 1980년까지 자동차 생산량은 미국을 능가했고, 1986년에는 미국 자동차 수입량의 4분의 1을 공급하게 되었다.

이렇게 빨리 일본이 미국을 능가한 것은 당시 일본이 품질을 앞세워 미국과 경쟁하는 전략을 취했고, 미국은 지폐를 찍어내는 정책을 폈기 때문이다. '달러 가치를 낮추면 생산비가 떨어지니 더 많이 팔릴 것이다'라는 미국의 잘못된 인식은 결과적으로 일본의 성장을 밀어주는 꼴이 되었다.

왜 그럴까? 같은 차종이 일본과 미국에서 각각 1만 달러로 판매된다고 가정하자. 그런데 미국이 달러 가치를 30퍼센트 낮추면 일본 자동차는 1만 3천 달러로 강제 인상된다. 얼핏 미국의 자동차 산업을 지키는 효과가 있어 보인다. 하지만 통화 가치가 떨어지면 비용이 오른다. 자동차 원재료 수입 가격이 인상되고, 달러 가치 감소로 국내 인상분도 생긴다. 그러면 차츰 미국 자동차도 1만 달러로 판매할 수 없게 된다. 이렇게 되면 다시 미국 자동차는 일본 자동차와 경쟁해야 한다. 게다가 미국 자동차가 과도하게 보호받는 사이, 일본 자동차는 여러 차례 개선될 것이기에 결국 미국 자동차는 일본 자동차에 질 수밖에 없다.

현 일본 정부와 일본은행은 예전의 일본과는 달리 비즈니스로 외화를 벌어들이기보다는 지폐를 찍어내 일본을 구제하고자 한다. 이는 대단히 큰 잘못이다. 이렇게 지적하면 "아베노믹스 덕분에 일본 경기가 좋아졌잖아"라는 반론이 돌아온다. 물론 아베노믹스가 실시된 이후, 일본의 주가는 상승세를 탔다. 내가 일본 주식에 투자한 것도 아베노믹스에 의한 주가 상승을 예측했기 때문이다. 일본은행이 지폐를 마구 찍어내고, 그 돈으로 일본 주식과 일본 국채를 마구 사들이면 주가는 반드시 상승한다. 이는 더하기 빼기만 알면 이해할 수 있는 이야기다.

하지만 일본 주식의 주가가 올랐다고 해서 일본에 사는 사람들의 생활이 풍요로워지지는 않는다. 주가 상승의 대가로 엔화 가치가 떨어지면 결국 물가가 올라 고령자와 청년들은 오히려 심한 고통을 겪을 수도 있다.

내가 일본 주식을
전부 팔아버린 이유

　내가 일본 주식을 사기 시작한 것은 동일본대지진(2011년)이 일어나기 직전이었다. 그 뒤, 지진을 비롯한 재해의 영향으로 주가가 하락했고, 나는 계속해서 추가 매수를 했다.

　지진이 일어나기 전에도 일본은 누구도 손댈 수 없는 상황에 빠지고 있었다. 주가는 거품경제 절정기의 4분의 1 수준으로 떨어졌는데, 추가 하락 가능성도 예상되었다. 2003년에 자살률은 사상 최고를 찍었고, 2005년에 출생률도 사상 최저를 기록했다. 사람들은 경제적 불안에 휩싸여 아이를 낳을 생각을 하지 않았다.

그런 시기에 내가 일본 주식에 투자한 것은 중기적 관점에서 보면 얼마 안 가 경기가 회복할 것이라고 예측했기 때문이다. 민주당에서 자유민주당으로 정권 교체가 이루어지고, 일본은행이 자금 공급을 늘리는 방침을 발표한 것도 일본 주식에 투자하는 데 일조했다.

정부가 지폐 인쇄기를 돌리면 돈은 제일 먼저 주식시장으로 향한다. 이는 역사가 증명한다. 거의 모든 투자가가 충실하게 그 진리를 따라 일본의 주가는 상승했다. 또한 NISA(소액투자비과세제도) 등의 세제 혜택 조치가 시행된 것도 주가 상승을 유발했다.

앞서 설명했듯 일본의 금융 완화 정책에는 많은 문제가 있지만 주가를 밀어 올리는 효과를 기대할 수는 있었다. 게다가 당시에는 미국 달러에 비해 엔화의 펀더멘탈(경제 기초)이 더 강했기 때문에 달러 대비 엔화가 오르리라고 예상했다. 따라서 주가 상승과 엔고 상승효과로 이익을 얻을 수 있을 것이라고 생각했다. 그리고 실제로 그렇게 되었다.

지진이 일어난 뒤에 일본 주식을 추가 매수한 이유는 일본이 재해를 반드시 극복할 것이라고 믿었기 때문이다. 일본은 지진이 잦은 나라이지만 매일 지진이 나는 것은 아니며, 일본의 교육 수준은 높고, 국민은 근면하고 영리하다. 그러니 지진으로 인한 주가 하락은 일시적인 현상이며, 언젠가 원상태로 돌아올 것이라고 판단했다. 차분하게 생각하면 누구나 알 수 있는 일이다.

단, 중국 주식과 달리 일본 주식에 투자하는 것은 단기에서 길어야 중기로 생각했다. 일본 주식은 내가 10년 이상 장기적으로 투자하고 싶은 곳은 아니다. 이유는 앞서 설명한 것처럼 저출산과 국가의 장기 채무라는 문제를 가진 나라는 장기적으로 보면 쇠퇴의 길을 걸을 것이기 때문이다.

2018년 가을, 나는 일본 주식을 전부 팔았다. 예상대로 처음 샀을 때보다 주가가 더 올라 이익을 얻을 수 있었다. 지금은 주식이든 통화든 일본과 관련된 자산은 아무것도 갖고 있지 않으며, 앞으로 살 생각도 없다. 일본 경제를 파괴하는 아베노믹스가 지속되고 인구 감소 문제를 해결하지 못하는 한, 이 판단을 거두지 않을 것이다.

아베가 바라는 것은
체제 유지

    일본의 앞날을 생각하면 가슴이 답답하다. 아베노믹스의 첫 번째 화살인 금융 완화는 일본 주가를 밀어 올리고 통화 가치를 떨어뜨리게끔 유도했다. 혹자는 이 정책 덕분에 일본 기업이 되살아났다고 평가한다. 하지만 앞서 말했듯 이런 통화 가치 절하 정책이 중장기적으로 한 나라의 경제를 발전시킨 사례는 한 번도 없었다.

    실제로 엔화 하락과 주가 상승으로 일본인의 삶이 나아졌을까? 일본에서 주로 수입하는 식품 가격이 올라 서민의 살림살이는 오히려 더 팍팍해졌다. 기업들도 건설비와 제조비 상승으로 힘들어하고 있다. 아베노믹스의 수혜를 입은 것은 일부 증권 중개사와 대기업뿐이다.

아베노믹스의 두 번째 화살, 즉 재정 출동도 터무니없는 정책이다. 내 귀에는 '일본을 망하게 하겠다'라는 선언으로 들렸다. 선진국들 중 최악 수준의 재정 적자를 끌어안고 국가 부채가 증가하는 와중에 불필요한 공공사업에 공적 자금을 쏟아붓겠다니! 제정신이 아니다.

아베는 개인적으로 뛰어난 인물이겠지만, 일본의 총리로서 해온 일들은 대부분 틀렸다. 아베가 부채에 눈을 감고 누가 봐도 잘못된 정책을 계속해 나가는 이유는 나중에 부채를 갚아야 할 때 자신은 총리가 아닐 것이고, 심지어 이 세상에 없을 수도 있기 때문이다. 자신과 자기들의 체제를 유지하는 것이 그의 최우선 행동 강령이며, 그 대가를 치르는 것은 지금의 청년 세대다.

2014년 2월에 개최된 G20 정상회담에서 20개국 전체의 GDP 수준을 향후 5년간 2퍼센트 이상 끌어올린다는 목표가 나왔다. 아소 타로 재무상은 "일본도 달성할 수 있다"라고 말했지만, 나는 무리라고 생각했다.

국제회담에서 오간 말들은 듣기에만 좋은 뜬구름 잡는 이야기이며, 실현되는 일이 적다. 그렇게 달성할 수도 없는 낙관적 시나

리오를 그릴 게 아니라 현실에 기반한 정책에 힘을 쏟아야 한다.

더하기, 빼기만 할 수 있으면 누구나 일본의 미래를 쉽게 예측할 수 있다. 인구와 부채가 어떻게 변동하는지 통계를 확인하기만 하면 된다. 그러면 아무도 긍정적인 기분이 들지 않을 것이다.

지금 일본은 영국, 포르투갈, 스페인과 마찬가지로 '추락한 패권국'이라는 위치에 있다. 1918년, 영국은 세계 제일의 패권국이었다. 내가 어릴 적에 비틀스가 세계를 휩쓸던 시절의 영국은 활력이 남아 있었지만 점차 쇠퇴하고 있었다. 많은 영국인이 조국을 떠났고, 앞으로도 쇠퇴의 길을 걸어갈 것이다. 이는 포르투갈과 스페인도 마찬가지다.

영국은 그나마 제국주의 시대라는 배경이 있었고, 인구도 감소하지 않아 완만한 속도로 쇠퇴했다. 그런데 일본은 어떤가. 비빌 언덕이 없는 일본은 유럽처럼 완만한 쇠퇴가 아닌, 빠르고 세찬 변화를 겪을 것이다. 그런 현실이 눈앞에 닥쳤을 때, 아베와 그의 체제를 수호한 사람들은 이미 이 세상을 떠나고 없을 것이다.

도쿄올림픽은
일본의 쇠퇴를 앞당긴다

2020년에 개최될 도쿄올림픽·패럴림픽이 다가올수록 일본 내수 경기가 좋아질 것이라고 생각하는 사람들이 있다. 물론 표면적으로는 올림픽 개최로 좋아지는 측면도 있다. 도로가 개보수되고, 경기장이 신축된다. 그와 관련된 사업에 종사하는 사람들은 나름의 혜택을 받을 수도 있다. 정치가들 또한 긍정적인 성과에 초점을 맞추어 홍보할 것이다.

그러나 역사를 살펴보면 올림픽이 국가에 경제적 이득을 준 사례가 없다. 일부 사람에게 단기적으로 수입을 얻게 한 적은 있어도 나라 전체를 구제한 적은 없으며, 오히려 폐해를 낳았다.

결론적으로 도쿄 올림픽 때문에 일본의 부채는 한층 증가할 것이다. 이는 일본 국민들에게도 나쁜 결과다. 세월이 흘러 도쿄에서 올림픽이 열렸다는 사실이 사람들의 기억에서 희미해질 무렵, 올림픽이 초래한 폐해가 표면화될 것이다.

내가 일본의 청년이라면 이런 현실을 마주하고 강한 분노와 불안감을 느낄 것이다. 실제로 불안감을 느끼는 청년이 적지 않은지, 일본에서 취업 준비를 하는 청년들을 대상으로 한 조사에 따르면, 희망 직업 1순위가 공무원이라고 한다. 이는 전 세계 어느 나라에서도 보기 힘든 일이다.

나는 청년들이 정부를 위해 일해서는 안 된다고 생각한다. 정부가 어떤 곳인지 알지도 못하는 젊은이가 정부에서 일한다니! 아무리 생각해도 이상하다. 일본 정부는 '청년층은 공무원으로 채용하지 않는다'라는 규정을 만들어야 한다. 활기찬 청년들은 정부가 아닌 민간 기업에서 활약해야 나라에도 이득이다.

2017년 11월, 나는 미국의 한 투자 정보 버라이어티 방송에서 이렇게 말했다.

"만약 내가 열 살짜리 일본 아이라면 AK-47(자동 소총)을 사거나 조국을 떠날 것이다."

나의 발언은 방송이 되고 얼마 지나지 않아 화제가 되었다. 나는 그저 미래의 일본 사회를 생각하며 한 말이었다.

30년 뒤, 일본에는 지금보다 많은 범죄가 발생할 것이다. 지금의 일본인이 다음 세대에 떠넘긴 빚을 갚아야 할 시기가 되면, 온 국민이 불만을 품을 것이고, 사회 불안이 만연할 것이다. 50년 뒤에는 일본 정부에 대한 폭동이 일어날 가능성도 있다.

사회 불안은 범죄와 폭동, 혁명 같은 형태로 드러난다. '일본인은 다르다', '일본에서 폭동 따위가 일어날 리 없다'라고 생각하고 싶겠지만, 이는 역사상 어느 나라에서나 일어난 사회 현상이다.

내 눈에 보이는 일본의 미래는 이렇다. 인구가 줄고, 부채가 증가하며, 점차 쇠퇴한다. 그렇게 생활 수준이 점점 떨어진다. 일본인이 그런 미래를 원한다면 상관없다. 하지만 나는 그런 나라에서는 잠시라도 살고 싶지 않다.

당신은 어떻게 생각하는가. 이 장에서는 일본에서 일어나고 있는 변화, 특히 파탄일로의 현실을 다루었다. 이대로는 미래가 불안해 '뭔가 바꿔야 할 텐데 좋은 방법이 없을까'라고 생각하는 사람은 다음 장을 이어서 읽어보기 바란다.

짐로저스의
일본에
보내는경고

2

일본인이
극복해야 할 과제

■

성공하고 싶다면 저물어가는 것에 매달려서는 안 된다.
이것은 진리다. 만약 당신이 사라져가는 말, 예를 들어
일본어밖에 사용할 줄 모른다면 비즈니스 기회를
얻을 수 없을 뿐 아니라 버젓한 직장에 취직도 할 수 없을 것이다.
일본이 아닌 해외에 투자하는 것은 대단히 중요하다.
일본에 거의 모든 자금을 가지고 있는 일본인은
한시바삐 자금을 해외로 옮겨야 한다.
일본에서 모아놓은 저축과 정부에게 받는 연금만으로
노후자금이 충분하리라 생각한다면
정말 안이하고 어리석은 사람이다.

■

여성이 하늘의
절반을 떠받친다

앞 장에서 이야기했듯 일본이 당면한 최대 문제는 인구 감소
다. 과거 50년간 일본인은 근면하게 일해 번영을 이루었고, 세계 2
위의 경제 대국에 올랐다. 하지만 그것은 인구가 증가했던 시대의
이야기다. 이대로 가면 앞으로 과거와 같은 성공을 누릴 수 있으
리라는 보장이 없다. 하지만 플랜 B는 있다. 바로 국가 개방과 지
출 삭감이다. 이 장에서는 근본적인 해결책을 제시하고자 한다.

일본 정부는 저출산 대책으로 효과가 있을 법한 것은 찬밥, 더

운밥 가리지 말고 다 해봐야 한다. 일본에 가장 필요한 존재는 아이이므로 자녀 양육에 인센티브를 주고 일과 육아를 양립할 수 있는 환경을 마련하는 등 일단 뭐든 좋다.

그런데 선진국이 되면 많은 여성이 꼭 아이를 낳을 필요는 없다고 생각하는 경향이 있다. 어떤 의미에서는 훌륭한 생각이다. 실로 많은 여성이 일을 하면서 성취감과 행복을 맛본다. 출산을 포기하면서까지 일에 매진하고 싶어 하는 일본 여성은 일본 경제를 활성화하는 원동력이 될 수 있을 것이다.

마오쩌둥은 "여성은 하늘의 절반을 떠받친다(妇女能顶半边天)"라고 말했다. 그의 말처럼 여성이 남성과 동등하게 비즈니스와 정치에서 활약하는 것은 매우 바람직하다. 여성이 중요한 역할을 할 수 있도록 변화하는 것도 일본의 플랜 B가 될 수 있다. 그런데 일본은 예전부터 여성관리직 비율이 타 선진국들에 비해 낮은 편이었다. 세계적으로 나타나는 문제이지만, 일본에서는 특히 여성이 '나는 여자이니까'라는 이유로 커리어를 포기하는 경향이 있는 듯하다.

미국이나 싱가포르에서는 일반적으로 출산 후 3개월 정도 지나면 복직을 한다. 얼핏 1년 이상 장기 육아휴직이 가능한 일본이 아이를 키우기에 더 좋은 환경이라고 생각할 수도 있다. 하지만 나는 그렇게 생각하지 않는다. 일본에는 어린이집과 돌봄 서비스가 부족해 부모가 육아를 도맡아야 하기 때문에 육아휴직 기간을 길게 잡는 것이다. 이 상황을 내버려두면 일본 여성은 육아와 커리어 중에서 양자택일해야 하는 상황에서 벗어나지 못한다. 이는 노동력이 부족한 일본에서 간과할 수 없는 문제다. 일본 정부는 일하는 여성을 지원하는 서비스를 국가 예산 1순위에 놓고 한시바삐 문제 해결에 착수해야 한다.

육아를 응원하는 '분위기'를 만드는 것도 중요하다. 싱가포르에서는 유모차를 미는 사람에게 주변 사람들이 친절하게 손을 내밀지만, 일본에서는 그렇지 않다는 말을 들은 적이 있다. 지하철과 백화점 등에서 유모차를 방해물로 여기는 시선을 받는다면, 아이를 낳을 마음이 더욱더 들지 않을 것이다. 일본인들이 '아이는 귀한 존재'라고 인식하게 된다면 저출산 대책이 어느 정도 효과가 있지 않을까?

일본의 출생률을 높이려면 일본 남성도 의식을 전환해야 한다. 일본에서는 '육아는 엄마의 몫'이라는 풍조가 있어 엄마의 부담이 크다. 서구 사회와 중국계 문화권에서는 아버지가 아이를 보살피는 것을 당연하게 여긴다. 나도 두 딸을 줄곧 등하교시켰다.

그런데 일본은 남성의 육아 참여를 촉진하는 제도를 이미 도입했다고 한다. 아빠가 희망하면 1년 이상 육아휴직을 할 수 있다는 말을 듣고 상당히 놀랐다. 하지만 일본 남성의 육아휴직 사용률은 대단히 낮은 편으로, 2017년에 처음으로 5퍼센트를 넘었다고 한다. 전체의 20분의 1에 불과한 수치다.

여기서 알 수 있는 점은 훌륭한 제도를 마련하는 것만으로는 사람들의 행동을 바꾸기 힘들다는 것이다. 아마 주위를 배려하는 일본 특유의 국민성도 한몫할 것이다. 하지만 이대로라면 아무리 제도를 정비하더라도 여성이 육아 부담을 혼자서 짊어져야 한다.

일과 가사, 육아를 완벽하게 하기란 쉬운 일이 아니다. 부부가 협력하지 않으면 아내와 남편 모두 만족하는 가정을 꾸려나갈 수 없다. 남성이 가사와 육아를 분담하지 않으면 여성은 자신이 원하는 직업이나 생활을 포기하고 육아에만 매달려야 한다. 이는 여성이 출산을 멀리하는 요인으로 작용한다.

일본 여성, 사회적 부조리에
더 크게 'NO'를 외쳐라

일본에서도 남성이 가사와 육아를 하는 게 당연한 사회 분위기가 되면 여성은 엄마가 된 뒤에도 취미 생활이나 일을 계속할 수 있다. 내 아내도 회원제 클럽 회장을 맡으며 책을 집필했고 두 딸을 돌보았다. 배우자와 외부 서비스의 도움이 없었다면 불가능했을 것이다.

일본의 저출산 문제를 본격적으로 해결하려면 '아이는 우리 사회의 보배'라는 의식을 확산시키고, 그와 동시에 '집안일은 여성의 못'이라는 고루한 의식을 버려야 한다. 일본 정부와 기업은 그러기 위해 할 수 있는 모든 일을 적극적으로 시도해야 한다.

좋은 변화의 징조도 보인다. 일본의 여성 축구팀이 2011년 여자 월드컵에서 첫 우승을 거두었다. 그들이 '일본 여자도 축구로 세계 1위가 될 수 있다'라고 생각하며 노력했기에 그러한 결과를 이룰 수 있었다. 그런 생각을 할 만한 사회적 토양이 일본에 마련되었다는 뜻이다.

또 최근 일본에는 '여성도 왕이 될 수 있게 하자'라는 논의가 이루어지는 모양이다. 나는 일본인이 원한다면 법률을 개정해야 한다고 생각한다. 만약 여성 왕이 탄생한다면 여성의 지위 향상에 크게 기여할 것이고, 일본에서 롤모델이 될 만한 성공한 여성도 늘어날 것이다.

일본에서 일어나는 이런 변화는 아직 사소하긴 하지만 충분히 긍정적이다. 능력 있는 여성이 커리어를 쌓을 수 없다면 이 역시 일본을 쇠퇴하게 하는 원인이 되기 때문이다.

일본 여성의 의식에 긍정적인 변화가 일어나면 그들이 일본 사회의 부조리한 현상에 'NO'라는 팻말을 들이댈 수 있을지도 모른다. 처음에는 가사와 육아를 강요하는 분위기에 'NO'를 외칠 것이다. 그러다 점차 자신감이 생긴 여성들이 일본의 정치와 사회 구조를 뿌리째 바꿀 원동력이 되기를 기대한다.

외국인에 대한
차별 의식을 없애라

여성의 사회 진출이 바람직하다고 해서 일본에 아이가 없어도 된다는 말은 아니다. 아무리 뛰어난 인재도 언젠가는 늙는다. 그때 사회를 받쳐줄 청년층이 있어야 한다. 여성의 활약을 추진하는 한편으로 저출산 대책도 세워야 한다. 이것을 상충 관계에 있다고 생각하지 말고 양쪽으로 동시에 진행해야 한다. 그러면 남은 선택지는 하나다. 바로 이민을 받아들이는 것이다.

이민은 국가에 새로운 아이디어를 유입시켜 활기를 불어넣는다. 구글, 아마존, 애플, 페이스북으로 대표되는 활기 넘치는 기업들 대부분은 이민자 출신이 세웠다. 이민을 받아들이라고 권하면 "그러다 외국인에게 일자리를 빼앗기면 어떻게 하죠?"라고 말하는 사람들이 있다. 하지만 이민은 고용을 창출한다. 지금 미국에서 구글이나 아마존 같은 기업이 사라진다면 얼마나 많은 일자리가 없어질지 생각해보라. 이민이 미치는 영향력이 피부에 와닿을 것이다.

또 역사를 살펴볼 때, 이민자들은 아이를 많이 낳는 경향이 있어 저출산을 해결하는 효과도 있다. 이민자들이 아이를 낳으면 일본 여성이 출산과 양육에 적극적으로 나서지 않아도 된다. 이는 일본에 한 줄기 빛과 같다.

하지만 일본은 이민자를 받아들이는 데 소극적이다. 섬나라인 일본은 마음만 먹으면 쉽게 문을 닫아걸 수 있다. 기나긴 쇄국 정책을 펼친 시기도 있었다. 동질성이 높고 단일 언어 사용을 당연하게 생각하는 일본은 이민자를 적극적으로 받아들일 만한 준비가 되지 않았다.

나도 일본이 품은 외국인에 대한 차별 의식에 종종 당황하곤 했다. UN(국제연합)도 2018년에 '일본에는 재일외국인에 대한 직업 차별, 주거 차별, 교육 차별 등이 존재한다'라고 언급했을 정도다. 노동력 부족에 시달리면서도 이민자를 받아들이는 데 적극적이지 않은 것은 21세기인 지금도 차별 의식을 없애지 못했기 때문이다.

여전히 많은 유권자가 외국인을 배제하는 정책을 지지하는 정치가를 선택하고, 외국인 참정권을 인정하지 않는 것이 그 증거다.

일본에는 뛰어난 인재마저 차별 의식에서 빠져나오지 못하는 모양이다. 지금으로부터 5년 전 쯤, 아시아의 어느 나라에 주재하는 일본인들이 만든 모임에 대해 들었다. 그 모임은 이른바 엘리트 비즈니스맨의 가족들로 구성되어 있었다.

그들은 가급적 현지인과 만나지 않고, 늘 일본 음식을 먹는데, 가끔 현지 음식을 먹을 때는 고급 레스토랑을 엄선한다. 또 자기들끼리 똘똘 뭉쳐 현지인에 대한 불평불만을 늘어놓으며 현지 문화와 섞이려 하지 않는다. 그들은 비즈니스가 글로벌화됨에 따라 일본이 세계에서 뒤처지고 있는데도, 그렇게 행동하는 것이 당연하다고 생각하는 것이다.

다른 피부색, 먹을거리, 종교를 가진 사람을 멀리하고 받아들이지 않는 일본인들에게 이민을 늘리는 것이 일본을 구제하는 유일한 정책이라고 아무리 외치면 뭐하겠는가. 그들은 스스로 파멸을 받아들이는 모양새를 취하고 있다.

일본의 인구 감소 문제에 대한 접근 방식은 단계별로 실행되어야 한다. 첫 단계는 외국인에 대한 차별 의식을 걷어내는 것이다. 그러려면 당연히 외국과 접할 기회를 늘려야 한다. 그런데 일본에서 외국으로 나간 사람은 거품경제였던 1985년부터 1990년까지 5

년간 배로 늘었지만 2012년, 1,489만 명을 정점으로 찍고 별로 늘
지 않았다. 2015년에는 일본을 찾아온 사람 수가 일본에서 외국으
로 나간 사람 수를 능가했다(표 2).

지금은 인터넷의 발달과 LCC(저가항공사)의 증가로 마음만 먹으
면 얼마든지 외국에 나갈 수 있다. 그런데도 외국에 대한 호기심
이나 관심을 갖는 일본인이 늘지 않고 있다. 일본인은 지금과 같
은 어려운 시대에야말로 적극적으로 외국에 나가야 한다. 그곳에
서의 경험이 일본에 활기를 불어넣을 수 있고, 무엇보다 이민자에
대한 차별 의식을 해소시켜줄 수 있을 것이다.

표 2 | 일본의 인바운드와 아웃바운드

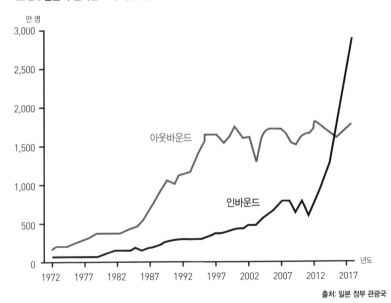

출처: 일본 정부 관광국

짐 로저스의 일본에 보내는 경고

이민이 필요 없다고 말하는
국가는 쇠퇴한다

　문제가 있는 국가의 정부가 곤란한 사태를 외국인 탓으로 돌리는 경우는 역사적으로 늘 있었다. 이는 일본만의 이야기가 아니다. 사람들은 일이 잘 풀리지 않으면 외국인 때문이라고 말한다. 그리고 외국인 냄새가 난다는 둥, 외국인이 먹는 음식은 냄새가 지독하다는 둥의 말을 내뱉으며 이민자를 배척한다. 세계를 여행하면서 그런 말을 얼마나 많이 들었는지 모른다.

　과거 아시아에서 가장 잘사는 나라였던 버마를 떠올려보자. 버마는 1962년 이후, 쿠데타로 군부 독재정권에 지배당해 쇄국정책으로 돌아섰고, 1988년에 정변이 일어나 군사정권이 정권을 잡고 이듬해에 미얀마로 이름을 바꾸었다. 그 후 미얀마는 미국의 경제 제재와 인프라 부족으로 아시아에서 가장 가난한 나라로 전락했다. 정부가 외국인을 추방하라고 명령하고 국경을 폐쇄한 시기에 일어난 일이다.

일본에 밝은 징조가 아예 없는 것은 아니다. 아베는 2019년 4월, 재류 자격 '특정 기능'을 취득한 외국인 노동자를 5년간 최대 34만 5천 명을 받아들이겠다고 표명했다. 연간 7만 명 정도로, 일본의 인구가 1억 2,500만 명인 점을 생각하면 티끌만 한 수이긴 하지만 그래도 작은 한 걸음을 뗀 셈이다. 나는 이 이야기를 듣고 기대감에 약간 흥분했다.

최부유국에서 최빈국이 된 미얀마도 지금은 외국인에게 빗장을 열어 개방했다. 이는 올바른 판단이다. 일본의 일은 일본인이 판단해야겠지만 역사에 비추어 귀를 기울인다면 국가의 번영을 위해서는 이민을 받아들이는 수밖에 없다. 이제 "일본이 독자적으로 해결할 수 있다"라고 말할 수 있는 시대는 지나갔다. 일본의 인구가 증가하던 시절에는 내수만으로도 비즈니스를 성공시킬 수 있었다. 그러나 지금은 상황이 다르다.

내수 시장 규모가 줄어드는 것도 인구 감소 문제 못지않게 큰 문제다. 앞으로는 이민을 받아들이고 외국인에게 좋은 반응을 얻을 수 있는 비즈니스를 하는 것이 매우 중요해질 것이다.

한국은 삼성을 비롯한 대기업들이 재빨리 글로벌 비즈니스를 펼쳤다. 5천만 명 정도의 인구를 가진 한국에서는 다른 선택지가 없었다. 일본인도 현실을 받아들여야 하지 않을까.

외국인에게
일본 학교를 개방하라

    일본의 정치가가 나라의 문제를 인식하고 이민을 받아들이자는 정책을 제안했다고 가정해보자. 나는 그 정책이 반드시 실행되기를 기원한다. 그러나 그 일이 잘될 것이라고는 크게 기대하지 않는다. 정책이 실행되고 반년에서 1년이 지나면 국민들은 "그 정책은 잘못되었다"라고 비판할 것이기 때문이다.

    일본은 어떤 변화가 일어나면 고통을 느끼는 단계에 와 있다. 일본에 이민자가 증가하면 국민들은 "더 이상 못 참겠다. 우리가 왜 이렇게 힘들어야 하는 거야?"라며 목소리를 높일 것이다. 내 예상으로는 그 정책을 추진한 정치가는 결국 사임하게 될 것이다.

이민자를 늘리지 않으면 일본에 미래가 없다는 사실을 막연하게나마 깨달은 일본인들도 "외국인은 부담스럽다", "일본으로 이민을 오지 않았으면 좋겠다"라고 이야기한다. 일본 경제가 활성화되려면 이제 그런 생각을 바꿔야 한다. 일본인이 외국인에게 적응할 수 있는 환경을 만들어야 한다.

나는 일본의 학교를 외국인에게 개방할 것을 제안한다. 일본에는 저출산으로 인해 폐교 위기에 처한 학교가 꽤 많으므로 외국인 학생을 받아들일 여유가 충분할 것이다. '대학 전입 시대'라는 말이 나올 정도로 대학이 남아나고 있으니 정원 미달인 만큼 외국인으로 채우면 된다. 대학은 한정된 일본인 학생 쟁탈전을 벌일 것이 아니라 유학생을 받아들여야 한다.

한국, 중국, 인도 등 많은 국가가 학생 수에 비해 대학이 적다. 나는 그런 나라의 학생들이 대학에 들어가기 너무 힘들다고 하소연할 때마다 일본으로 유학을 가라고 조언한다. 그들을 일본 대학에 유치한다면 일본은 교육 비즈니스 기회를 늘리고, 결과적으로 일본인들은 점차 외국인에 익숙해질 것이다.

물론 단순히 외국인 유학생을 많이 받아들이기만 하면 되는 것은 아니다. 먼저 일본어는 세계 공용어로 쓰일 언어가 아니므로 영어로 수업을 진행하는 것이 선결 과제다. 또 일본 교육의 장점을 유지하면서도 전 세계에서 활약하기 위한 지식과 능력을 쌓을 수 있는 커리큘럼을 마련해야 한다. 예를 들어 세계 각국의 수많은 대학에서 수험 자격이나 입학 자격으로 인정하는 '국제 바칼로레아' 프로그램을 실시하는 학교를 늘리는 등 다양한 시도를 하는 것이 중요하다.

이런 정책을 실행해 일본의 학교에 외국인 유학생이 늘어나면 일본의 젊은층도 발전할 것이다. 만약 일본 학교가 한 반에 25명인 학생이 18개국의 아이들로 구성되는 싱가포르 국제학교와 같은 모습이 된다면, 글로벌한 환경이 당연한 것으로 인식되어 아이들의 의식이 지금과는 전혀 다르게 변할 것이다.

외국인과의 접촉이 늘어나면 어떤 나라 사람이든 자신들과 크게 다르지 않다는 사실을 깨닫게 될 것이다. 나는 세계 여행을 하며 종교와 피부색, 언어, 민족성이 다른 수많은 사람을 만나왔으므로 이렇게 단언할 수 있다.

이민은 새로운
비즈니스 기회다

일본인에게 이민은 새로운 투자 대상이 될 것이다. 지금은 아직 연간 7만 명 정도에 불과하지만, 정부가 더 많은 이민자를 받아들인다면 이민자를 대상으로 한 주택 공급이나 이민 에이전트 관련 비즈니스가 발전할 것이다.

이민자를 대상으로 한 비즈니스로 가장 먼저 떠오르는 것은 부동산 사업이다. 일본의 전통 가옥은 저렴하면서도 외국인의 눈에는 매력적으로 보인다. 실제로 일본인에게 잘 팔리지 않는 물건도 주거용·상업용을 불문하고 외국에서 온 이민자와 그 가족이 사용할 용도로 팔린다고 한다. 특히 주요 도시의 도심지 물건은 적지 않은 수요가 있다고 한다. 이런 부동산 물건을 외국인 종업원을 고용해 매매나 임대사업으로 운영하면 이익을 낼 수 있을 것이다.

교육 비즈니스에도 기회가 있다. 앞서 제안했듯 일본의 학교에 외국인 유학생이 모이면 입학 준비를 위한 교육을 해야 한다. 또 유학생을 늘리기 위해 일본 학교의 글로벌화를 진행해야 하므로 학교 변혁에 필요한 컨설팅이나 교재 등의 패키지를 제공하는 비즈니스를 기대할 수 있다.

또 하나 기대할 만한 것은 외국인 대상 외식 비즈니스다. 인도네시아 요리, 파키스탄 요리 등 이민자를 대상으로 한 요리를 제공하면 외국인 여행자에 의한 인바운드 수요도 상승작용을 일으켜 큰 성공을 거둘 가능성이 있다. '필리핀 전문 식자재점'과 같은, 얼핏 틈새 수요로 보이는 비즈니스를 통해 경제적 성공을 거둘 수도 있다.

이런 비즈니스를 도입하면 40대인 사람도 일본에서 성공할 가능성이 있다. 일본 청년들에게는 외국으로 이주해 비즈니스를 하라고 권하고 싶지만, 일본에 살면서 성공하고 싶다면 해외 혹은 외국인 관련 비즈니스를 반드시 염두에 두어야 한다.

이런 일이 일본 내부에서 먼저 이루어지면 일본인은 더욱 적극적으로 해외와 비즈니스를 할 수 있다. 단순히 영어 실력만 키워서는 국제적으로 활약할 수 없지만, 외국인을 상대하며 인간관계에 관한 능력을 키운다면 전 세계 어디를 가도 살아남을 수 있을 것이다.

방법을 조절해가며
이민자를 받아들여라

　일본에 이민자가 증가하면 비즈니스 기회가 생기고, 저출산 문제도 해결될 가능성이 있다. 하지만 "이민자를 받아들이면 일본 사회가 불안해진다"라는 목소리가 사라지진 않을 것이다.

　이런 목소리는 어느 나라에서나 들린다. 미국도 그렇다. 이 점에 대해서는 나의 저서 《세계에서 가장 자극적인 나라》에서도 지적했는데, 실제로는 외국인 범죄자보다 미국인 범죄자가 더 많은데도 사람들은 "이민자들이 범죄를 일으킨다"라고 말한다.

미국에 유입되는 외국인 중에 범죄자가 있는 것도 사실이다. 하지만 사람들은 외국인이 범죄를 일으키면 유달리 '외국인'이라는 점을 강조하며 소란을 피운다. 미국인이 범죄를 저질렀다는 뉴스가 나와도 사람들은 "범인은 미국인이야!"라며 떠들지 않는다. 그러니 '외국인은 모두 범죄자'라는 선입견이 생긴 것이다.

하지만 한번 생각해보자. 이민자는 용기와 능력, 성공할 거라는 자신감이나 혹은 절박함이 있어서 고국을 떠나온 것이다. 테러리스트가 아닌 한, 범죄를 저지르려고 일부러 외국으로 이주하는 사람이 과연 얼마나 있을까.

이민자는 가족과 친구들이 있고, 모국어로 말하면 되는 안락한 자기 나라를 떠나 아는 사람 한 명 없고, 말도 통하지 않는 땅에서 무언가에 도전하는 사람들이다. 나는 그런 용기 있는 사람이 꼭 내 나라에 왔으면 좋겠다. 이민자는 처음에는 다른 문화를 갖고 들어오지만 시간이 지나면 결국에는 그 나라에 동화된다. 그러니 이민자를 받아들이는 것을 마치 범죄자에게 문을 열어주는 행위처럼 생각하지 않았으면 한다. 그것은 완전히 잘못된 생각이다.

이민자를 받아들일 때 주의해야 할 점으로, 인구 구성에 대한 영향을 꼽을 수 있다. 내가 사는 싱가포르는 단기간에 너무 많은 이민자를 받아들여 연령별 인구 분포가 균형을 잃고 말았다. 그 때문에 2013년에 발표된 싱가포르의 〈인구백서〉에는 '외국인 유입을 제한한다', '영주권 소지자는 약 50만 명을 유지한다'라는 내용이 담겼다.

급속하게 이민을 받아들였다가 갑자기 제동을 건 싱가포르는 앞으로 고령화로 향하는 길을 걷게 될 것이다. 싱가포르 정부는 노동인구가 줄어드는 상황에서 점점 늘어나는 고령자에게 많은 사회보장비용을 들여야 한다. 이는 일본과 같이 큰 문제가 될 것이다.

2015년, 독일도 이민자에게 문을 열어주었다. 지금까지 독일이 받아들인 이민자 수는 100만 명이 넘는다고 한다. 이는 독일 국민의 약 1.2퍼센트에 해당하며, 다른 유럽 국가들에 비해 월등하게 높은 수치다. 지금은 독일을 비롯해 EU에서 이민을 배제하는 움직임이 일어나고 있는데, 이는 너무 많은 이민자를 단기간에 받아들였기 때문이다. 갑작스러운 변화에 국민이 거부 반응을 일으킨 것이다.

이런 사례를 통해 이민자를 받아들이는 방식을 조절해야 한다는 것을 배울 수 있다. 일본에는 이민자가 필요하다. 그 사실은 변함없다. 다만, 한꺼번에 너무 많은 이민자를 받아들이면 원래 외국인에게 너그럽지 않은 일본 사회에 새로운 문제가 발생할 수도 있다. 일단 교육기관인 학교에서 외국인을 받아들이고, 일본인이 외국인에게 적응할 시간을 준 다음 서서히 수를 조절하며 이민자를 늘리는 것이 중요하다.

자녀와 손주에게 중국어를 가르쳐라

나는 투자가로서 일본인들에게 이렇게 조언하고 싶다.

"자녀와 손주에게 중국어를 가르쳐라."

자손의 미래에 희망을 주고 싶다면 반드시 중국어, 그것도 표준 중국어를 배우게 해야 한다. 나는 딸들에게 중국어를 가르치기 위해 2007년에 가족과 함께 싱가포르로 이주했다. 내가 딸들에게 한 최고의 투자는 중국어로 말할 수 있게 한 것이라고 생각한다. 언젠가 아시아의 시대가 올 것을 생각하면 중국어 능력과 아시아에서 쌓은 경험은 최고의 무기가 될 것이다. 내 예상이 빗나가 아시아의 시대가 오지 않는다 해도 중국어는 세계에서 약 15억 명이 사용하는 언어다. 배워둬서 손해 볼 일은 절대 없다.

성공하고 싶다면 저물어가는 것에 매달려서는 안 된다. 이것은 진리다. 수백 년 뒤, 지구상의 언어는 30개 정도로 줄어들 전망이다. 만약 당신이 사라져가는 말, 예를 들어 일본어밖에 사용할 줄 모른다면 비즈니스 기회를 얻을 수 없을 뿐 아니라 버젓한 직장에 취직도 할 수 없을 것이다.

일본어밖에 하지 못하는 배우와 일본어와 중국어 모두를 구사할 수 있는 배우에게 찾아오는 기회는 완전히 다르다. 덴마크어밖에 하지 못하는 열 살짜리 아이가 영어를 할 줄 아는 열 살짜리 아이보다 앞날이 어둡다고 말할 수 있는 것처럼 말이다.

앞으로 수백 년이 지나도 확실하게 남을 언어는 영어, 중국어, 스페인어 정도이리라. 영어는 국제 표준어의 지위를 유지할 것이고, 앞으로 패권국이 될 중국의 언어를 배우는 것은 큰 의미가 있다. 스페인어를 할 수 있으면 이탈리아어와 포르투갈어도 이해할 수 있다. 같은 라틴어에서 분화한 로만스어 계열(Romance language)이기 때문이다. 스페인, 이탈리아, 포르투갈은 물론, 스페인어권인 중남미, 포르투갈어를 국어로 사용하는 브라질에서 비즈니스 기회를 잡을 수도 있다.

일본어는 장차 아무도 사용하지 않게 될 수도 있으므로 아이들에게 반드시 제2언어를 가르쳐야 한다. 영어도 좋지만 원래 일본어는 중국에서 유래한 한자 문화권에 속해 있으니 중국어를 배울 것을 권한다.

정확한 중국어를 알아듣고 이야기할 수 있다면 게임에서 유리한 위치를 선점할 수 있다. 엘리베이터에서 중국인 단체와 마주쳤다고 가정하자. 그때 일본어밖에 할 줄 모르면 아무 정보를 얻을 수 없지만, 중국어를 알고 있으면 다른 일본인은 모르는 정보를 얻을 수 있다. 그 정보는 비즈니스든 무엇이든 성공하는 데 크게 이바지할 것이다.

물론 언어를 익히는 것이 능사는 아니다. 언어는 사용하지 않으면 아무런 의미가 없다. 언어 습득은 기본이고, 소통 능력도 쌓아야 한다.

중국어권으로
이주해야 하는 이유

　"지금은 과학 기술의 발달로 통역 기기가 있으니 외국어 따윈 공부할 필요가 없어"라고 주장하는 사람들이 있다. 어떤 의미에서는 맞는 말이다. 하지만 컴퓨터는 미묘한 뉘앙스를 구분하지 못하기 때문에 깊이 있는 소통을 하기 어렵다. 영어를 사용하는 사람들끼리 대화를 해도 오해가 발생할 여지가 있다. 하물며 상대의 언어를 전혀 알지 못한 채 통역에 의지하면 진의를 파악하기 어렵고, 신뢰 관계도 형성되지 않는다. 외국어를 높은 수준에서 구사할 수 있으면 과학 기술이 발달한 지금도 중요한 가치를 창출할 수 있다.

중국어를 가르칠 경우, 조건이 된다면 아이가 중국어권에서 생활하며 다양한 경험을 쌓을 수 있도록 해주는 것이 좋다. 중국어를 사용하지 않는 곳에서 생활하면서 현지인 수준으로 중국어 실력을 쌓기란 상당히 어렵기 때문이다.

실은 나도 처음에는 미국에서 살면서 딸들에게 중국어를 가르치려고 생각했다. 딸이 태어나기 전부터 TV와 라디오, 책을 통해 '자녀와 손주에게 중국어를 가르쳐라'라고 주장해왔던 터라 첫 아이가 태어나자마자 중국인 입주 가정부를 고용했다. 하지만 그렇게 해서는 내가 원하는 수준에 도달할 수 없다는 것을 깨달았다.

나는 미국에서 많은 중국인에게 이런 말을 들었다.

"아이가 좀 크니 중국어로 말하는 것을 거부해요."

사춘기에 접어든 아이들은 중국어 학교에 가는 것을 싫어하고, 부모가 중국어로 말을 걸어도 영어로 대답한다고 한다. 아무래도 미국에 사는 중국 아이들에게 중국어는 멋지게 느껴지지 않는 모양이다. 그들에게 중국어는 조부모와 부모가 쓰는 촌스러운 말이라는 느낌이 들 것이다.

그래서 나는 미국에서 딸들에게 중국어를 가르칠 것이 아니라 중국어를 국어로 사용하는 나라로 이주해야겠다고 생각했다. 장을 보거나 택시를 탈 때도 중국어를 사용해야 하는 환경을 찾았다. 2005년부터 중국의 몇몇 도시를 알아보았지만, 당시에는 대부분 불결하고 환경오염이 심했다. 물과 토양, 공기가 오염되어 있어서 여행이라면 모를까 가족이 정착해 살 수는 없겠다는 생각이 들었다.

그때 우연히 싱가포르에 들르게 되었다. 청결하고 살기 좋은 곳 같아 보였다. 영어도 사용하기 때문에 중국어를 거의 모르는 나도 생활하기에 불편함이 없을 듯했다. 그렇게 우리 가족은 2007년에 싱가포르로 이주했다.

자식을 위해서라면 부모는 힘든 일도 마다하지 않는다. 아이에게 축구나 피아노를 가르치기 위해 좋은 코치가 있는 곳으로 이사하는 가정도 많지 않은가. 나 역시 그런 마음으로 아이들의 미래를 위해 싱가포르로 이주했다.

도쿄가 표준 중국어를 사용하는 곳이었다면 우리 가족은 기꺼이 도쿄로 이주했을 것이다. 도쿄는 인프라와 식문화 수준이 뛰어난, 정말로 살기 좋은 곳이기 때문이다. 하지만 앞으로 점점 사용하는 사람이 줄어들 일본어가 쓰이는 한, 내가 가족을 데리고 일본에서 살 가능성은 없다.

50대라면 지금 당장 해외 투자에 눈을 돌려라

　일본인에게 일본이 아닌 해외에 투자하는 것은 대단히 중요한 일이다. 일본에 거의 모든 자금을 가지고 있는 일본인은 한시바삐 자금을 해외로 옮겨야 한다.

　일본에서 모아놓은 저축과 정부에게 받는 연금만으로 노후자금이 충분하리라 생각한다면 정말 안이하고 어리석은 사람이다. 일본 정부가 앞으로도 지폐를 마구 찍어댄다면 엔화 가치는 상대적으로 떨어질 것이기 때문이다. 연금을 지금 보장하는 액수 그대로 수급할 수 있다 해도 그 가치마저 보장되지는 않는다. 일본인은 재정 파탄이 난 구(舊) 소련에서 지급되던 연금이 급속한 인플레이션으로 거의 종잇조각이 되었던 일을 기억해야 한다.

만약 일본에서 집을 샀다면 그 집을 매각해 해외로 이주하든, 자금을 해외로 옮기든 해야 한다. 하지만 옛날 사고방식만 고수하는 일본인에게는 참으로 어려운 일일지도 모르겠다. 일반인들이 위기를 느끼는 것은 좀 더 미래의 일일 테니, 지금은 내 의견이 너무 극단적이라고 생각하는 사람이 더 많지 않을까.

그렇다면 일단은 일본에서 지금 하는 일을 계속하면서 다른 나라를 방문해보자. 예를 들어 일본계가 많이 사는 브라질 같은 나라 말이다. 현 단계에서 엔화는 브라질 헤알화와 비교하면 통화가치가 크므로 브라질에서 풍요로운 생활을 즐길 수 있다. 하지만 20년 뒤에는 그렇지 않을 것이다. 앞서 말했듯 엔화 가치는 점차하락하고, 고령화로 인해 운신의 폭이 점점 좁아질 것이기 때문이다. 꼭 브라질이 아니라도 괜찮다. 되도록 빨리 외국 생활을 경험해두는 것이 좋다.

단기간이라도 외국에서 지내보면 내면에 그 나라의 존재감이 자리 잡게 된다. 만약 브라질 여행을 했다면 일본에 돌아와서도 브라질에 관한 것들을 눈여겨보게 될 것이다. 이것이 장차 해외이주를 결심하는 첫 단추가 될 수도 있다.

또 여행으로 그 나라의 정보를 알게 되면 투자에 실패할 확률이 줄어든다. 투자처의 정보를 리서치하는 것이 매우 중요하기 때문이다. 브라질을 여러 번 방문한 일본인은 브라질에 한 번도 가본 적 없는 일본인보다 가치 있는 브라질 주식을 잘 찾을 것이다. 이에 대해서는 제5장에서 자세히 다루었다.

만약 일본에서 해외로 자산을 옮기는 데 성공하면 아예 은퇴하고 해외로 이주하는 것도 쉽게 실행할 수 있다. 장기간 해외에 머물면 일본에서 부담했던 주민세와 국민건강보험료를 면제받을 수 있다. 그리고 지금까지는 많은 나라가 일본보다 물가가 낮기 때문에 일본에서보다 넉넉하고 풍요로운 인생을 보낼 수 있다.

정리해고를 면했다고
안심하지 마라

　　노후를 맞이할 때까지 수십 년이 남아 있는 청년들에게는 몇 가지 선택지가 더 있다. 매월 급여의 일부를 해외 주식이나 ETF(상장투자신탁) 등에 투자하자. 이런 투자보다 더 좋은 것은 되도록 장기간 해외에 체류하는 경험을 쌓는 것이다.

　　표 3을 보자. JASSO(일본학생지원기구)에서 실시한 조사에 따르면, 중국에 있는 일본인 유학생 수는 과거 몇 년 동안 증가하고 있지만, 절반 이상이 한 달 미만의 단기 유학이다. 1년 이상의 장기 유

학생은 1퍼센트도 되지 않는다. 일본으로 온 중국인 유학생 중 약 20퍼센트가 대학원생으로 일본에 몇 년간 사는 것과는 대조적인 수치다.

일본인 유학생의 수를 늘리는 것도 중요하지만 그와 동시에 학생들에게 외국에 장기간 머물 기회를 주어 더 많은 것을 접할 수

표 3 | 2017년 일본과 중국의 유학생 수

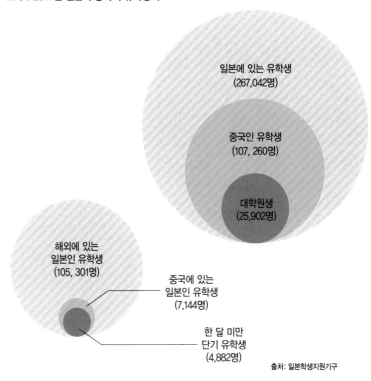

일본에 있는 유학생
(267,042명)

중국인 유학생
(107, 260명)

대학원생
(25,902명)

해외에 있는
일본인 유학생
(105, 301명)

중국에 있는
일본인 유학생
(7,144명)

한 달 미만
단기 유학생
(4,882명)

출처: 일본학생지원기구

있도록 해야 한다. 일본 정부와 교육기관이 유념해야 할 점이다.

해외에서 왕성하게 활약하려면 해외에서 일하는 경험을 쌓아야 한다. 그러면 일본과 해외 비즈니스의 차이점도 잘 이해할 수 있다.

일본인 지인을 통해 들은 일본의 고용 상황은 적지 않은 문제점이 있다. 요즘에는 조금 개선된 듯하지만, 아직까지 일본은 한 분야의 전문가인 스페셜리스트보다 다방면에 재능이 있는 제너럴리시트를 중시하는 경향이 있다. 한 회사에서 여러 유형의 일을 경험하게 하는 낡은 방식이다. 이런 방식은 종신고용이 전제했던 과거의 일본 기업에서는 효율적이었을지 모르지만 지금은 적합하지 않다. 시스템 구조상 사내 규정이나 인간관계에 능통한 사람들만 중용되기 때문이다.

지금은 회사가 언제 없어져도 이상하지 않은 시대다. 일본의 디스플레이 제조사인 샤프가 대만의 홍하이정밀공업(아이폰 조립업체인 폭스콘을 보유한 기업-옮긴이)의 자회사가 되었듯 해외 자본으로 전혀 다른 규정이 도입될 가능성이 있다. 기존 방식으로는 이런 환경 변화가 일어날 때 과거의 스킬이나 노하우를 응용할 수 없을 확률이 크다.

해외 비즈니스 경험을 쌓으면 일본에 돌아와서도 충분히 활약할 수 있다. 외국에는 종신고용 따위가 없다. 사람들은 보통 언젠가 이직할 것을 생각하며 업무 스킬과 노하우를 쌓는다. 그런 방식에서 일본인이 배울 점이 적지 않을 것이다.

최근에는 일본에서 정리해고를 추진하는 대기업이 늘고 있으며, 임원이나 간부급은 물론이고 45세 정도의 중견 정규직도 타깃이라는 이야기를 들었다. 2018년부터 NEC와 카시오계산기, 후지쓰 등의 기업이 연이어 정리해고를 단행했다. 이런 시대적 동향은 앞으로도 계속될 것이다. 위의 기업들은 종신고용이 보장된 이른바 '철밥통 기업'으로 알려져 있었다.

지인에 의하면, 상당수 일본 기업에서 정리해고를 면한 직원들이 정리해고를 당한 직원들보다 더 불안해한다고 한다. 회사에 남아 있어도 행복을 보장받지 못한다는 것을 어렴풋하게나마 깨달아서가 아닐까.

그런 사람들은 해외로 눈을 돌려 유학이나 이직을 생각해볼 필요가 있다. 가령 정년까지 지금의 회사에서 일할 수 있다 해도 그 후의 인생도 있으니 선택지는 많으면 많을수록 좋지 않을까. 정년퇴직을 한 뒤 어찌할 바를 몰라 당황하는 일본인이 적지 않다. 취미도 없고, 이렇다 할 기술도 없고, 친구마저 없으니 어찌 보면 당연하다.

도전하자. 나는 지금 일본의 미래를 비관적으로 예측하지만, 일본인의 능력 자체를 낮게 평가하지는 않는다. '할 수 있다'라고 생

각하면 할 수 있다. 예를 들어 지금은 영어 실력에 자신이 없다 해
도 꾸준히 영어 공부를 하며 소통 실력을 키우면 멋지게 활약할 수
있는 곳이 이 세상 곳곳에 얼마든지 있다.

일본 기업, 고품질을 무기로 내세워라

　나는 품질을 추구하면 모든 일이 잘 풀린다고 생각한다. 예전의 일본인들은 그렇게 했다. 전쟁으로 폐허가 된 일본은 지금과는 비교가 되지 않을 정도로 엔화 가치가 낮았다. 그로 인해 모든 제품이 매우 저렴한 가격으로 생산되었다. 그런 상황에서도 품질 좋은 제품을 만든 당시의 일본인들은 참으로 현명했다. 그 전통은 오늘날까지도 이어지고 있다.

　1960년대 세계 1위 자동차 제조사는 제너럴모터스(GM)였다. 당시 일본이 미국에 진출하겠다고 통보하자 그들은 콧방귀를 뀌었다. 그런데 50년 뒤, 제너럴모터스는 파산하고 도요타는 세계 최대의 자동차 제조사가 되었다.

혼다가 미국에 진출할 때도 미국인들은 대수롭지 않게 생각했다. 당시 혼다는 '혼다의 오토바이를 타면 최고로 선량한 사람들과 만날 수 있다(You Meet The Nicest People On A Honda)'라는 광고 카피를 내걸었다. 남자다움을 내세운 할리데이비슨을 타던 무리는 혼다를 비웃었다. 하지만 30년이 채 지나지 않아 할리데이비슨은 파산 위기에 처했고, 혼다는 세계 최대 오토바이 제조사의 자리에 우뚝 올라섰다.

현재 세계 최고의 이탈리안 레스토랑은 이탈리아가 아닌 도쿄에 있다. 이탈리아인도 최고급 이탈리아 요리를 맛보기 위해 일부러 일본을 찾아올 정도다.

모든 최고 품질의 것은 일본에 있다. 일본의 품질에 대한 열정은 세계 최고다. 일본만큼 품질에 대해 '뜨거운 욕망'을 가진 나라가 달리 생각나지 않을 정도. 이런 자세가 일본을 위대한 나라로 만들었다.

타국의 문화와 비즈니스를 도입해 수준을 더 높이는 특기가 있는 점도 주목할 만하다. 앞서 이탈리아 요리를 예로 들었는데, 일본은 자동차와 비디오 게임 등 외국에서 탄생한 기술을 월등하게 수준을 높여 자기 것으로 만들었다.

그런데 최근에는 오랫동안 소중히 여겨온 품질을 희생하면서까지 생산성을 높이자고 주장하는 일본인이 증가하고 있다. 《세계에서 가장 자극적인 나라》에서도 지적했듯, TV 산업은 삼성과 하이얼에, 스마트폰은 애플과 화웨이에 완패했다. 그 때문에 종래의 방식에 의문을 품게 된 것일까? 그렇게 생각하는 것도 이해할 수 있지만, 나는 품질을 떨어뜨리는 방식은 강력하게 반대한다.

역사적으로 봐도 품질을 포기하고 저가격을 내세워 비즈니스를 한 회사가 오래간 사례는 없다. 소비자들은 품질 좋은 제품을 원한다. 가정 경제가 어려울 때 저가 제품에 손을 뻗기도 하지만, 그것은 임시방편일 뿐이다. 품질을 희생해 저가 정책을 내세우다 보면 결국에는 다른 제품과 차별화되지 않는다. 그리하여 저가 경쟁을 감당하지 못하게 된 기업부터 차례대로 사라지는 것이 세상의 이치다.

또한 일본은 품질이 좋으면 서민과 빈곤층도 그 제품을 선택한다는 것을 이미 경험했다. 혼다가 미국에 진출했을 때 결코 가격이 저렴한 편이 아니었음에도 서민과 빈곤층도 혼다의 제품들을 구매했다. 도요타와 소니가 미국에 진출했을 때도 마찬가지였다. 이를 시작으로 미국의 모든 계층 사람들이 일본 제품을 구매하게 되었다.

그렇다면 일본 기업은 어떻게 해야 할까. 나는 '메이드 인 재팬'을 세계에 확산하라고 제안하고 싶다. 일찍이 일본의 제품은 싸고 품질이 좋다는 평가를 받으며 세계에 퍼졌다가, 일본의 경제 성장과 글로벌화가 진행됨에 따라 점차 가격이 인상되었다.

그렇다면 일본인의 감수를 받고 해외 생산을 해 합리적인 가격에 품질 좋은 제품을 만들면 되지 않을까? 일본 제품의 높은 품질과 뛰어난 디자인은 외국인이 만들었다고 해서 가치가 사라지진 않는다.

실제로 해외 여러 시장에서 판매되는 무지(MUJI)의 제품은 인도와 중국에서 제조된다. 세계인을 놀라게 한 워시렛(온수 세척이 가능한 양변기-옮긴이)도 중국과 말레이시아 공장에서 제조된다. 일본인은 다시 한 번 과거에 세계를 열광하게 만든 고품질의 가치를 재고하여 품질 좋은 제품을 세상에 선보여야 한다.

매뉴얼 지상주의를 버려라

일본이 20세기에 성공한 요인 중 하나는 섬나라라는 지리적 여건이다. 동질성이 강한 사회에서 비슷한 사고방식이 단결력을 만들었고, 일본을 성공으로 이끌었다. 그러나 이런 강점은 동전의 앞뒷면과 같아서 사회가 경직되기 쉽다는 약점을 낳는다. 앞서 지적한 외국인에 대한 차별 의식도 여기서 출발한다.

예전부터 그런 점을 느껴왔지만, 두 번째 세계일주로 일본을 방문했을 때 일본의 경직된 정도가 매우 심각하다고 느꼈다. 여행

중 나는 후지산 근처에 있는 한 초밥집에 들어가 "밥만 주세요"라고 주문했다. 하지만 종업원은 "메뉴판에 없는 건 주문할 수 없어요"라고 거절했다. 여러 종류의 초밥 이름에 메뉴판에 적혀 있으니 분명 밥이 있을 것이라 생각해 다시 한 번 종업원에게 부탁했지만 역시 밥만 줄 수는 없다고 했다. 나는 할 수 없이 참치 초밥 여러 개를 주문했고, 밥그릇을 따로 가져다 달라고 요청했다. 그리고 참치를 건어내고 밥만 그릇에 덜어 먹었다. 종업원에게 밥그릇을 보여주며 "자, 여기 밥이 있잖아요"라고 말했지만 종업원은 "밥은 메뉴판에 없어요"라는 말만 되풀이했다.

이것이 내가 지어낸 이야기라면 얼마나 좋을까. 효율적인 비즈니스로 전 세계에 이름을 떨쳤던 나라는 경직성과 과도한 규제로 질식해가고 있다. 일본을 영광으로 이끌었던 창조력과 혁신성은 온데간데없고, 패전 직후의 세대가 가졌던 활력과 정신도 사라졌다.

1980년대의 일본은 그렇지 않았다. 되든 안 되든 무언가를 요청하면 활기차게 "네!"라고 말해주었다. 영업시간이 지났어도 열심히 대응하는 일등 국가였다. 공무원인 세관 직원이 업무 시간이 지났음에도 친절하게 통관 처리를 해주는 모습을 보았을 때, '이 얼마나 훌륭한 나라란 말인가' 하고 감탄이 절로 나왔다.

일본의 장점이 사라진 것은 여러 가지 요인이 있겠지만, 나는 과도한 매뉴얼 지상주의를 꼽고 싶다. 외국인에게 일본인이 불친

짐 로저스의 일본에 보내는 경고

절하게 느껴지는 것도 어찌 보면 매뉴얼 지상주의 탓이다. 매뉴얼에 외국인을 대하는 방법이 나오지 않아 그들을 받아들이지 못하는 것이다. 매뉴얼이 없으면 스스로 판단하면 될 텐데 말이다. 매뉴얼은 때로 판단력을 빼앗는다. 자신에게 바람직한 일조차 매뉴얼에 적혀 있지 않으면 할 수 없게 만들어버린다.

일본의 지하철은 정시에 딱딱 오고, 편의점에는 늘 생활에 필요한 제품들이 빠짐없이 진열되어 있다. 패전 후, 일본인이 새 출발을 해야 했던 시대와 전혀 다르게 모든 것이 자동화되어 있다. 이런 편리한 환경도 일본인에게서 판단력을 빼앗은 원인이 되지 않았을까.

본래 일본인들은 고객을 진심으로 응대하는 정신과 기지를 가지고 있으므로 매뉴얼 없이도 고품질의 서비스를 제공할 수 있다. 일례로 일본의 유명한 전통 여관 중에는 매뉴얼이 없는 곳이 적지 않다.

물론 매뉴얼은 날마다 하는 관리·운영을 효율화하는 장점이 있다. 하지만 무슨 일이든 잘되려면 자동차 운전을 할 때처럼 '놀이 감각'을 가지고 있어야 한다. 시대에 맞지 않는 매뉴얼은 폐기하고, 주체적으로 능력을 발휘할 수 있도록 환경을 정비해야 한다. 그러면 일본은 진정한 의미의 고객 환대 수준이 높은 나라가 되어 전 세계 사람들이 찾아올 것이다.

해외에서 비즈니스하는 사람들을 방해하지 마라

　예전에 '일본인은 NO라는 말을 하지 못한다'라는 말을 들은 적이 있는데, 지금은 그렇지 않은 모양이다. 나는 일본에서 수많은 'NO'를 경험했다. 전 세계에서 사용 가능한 내 휴대폰과 아프리카에서도 결제가 되는 신용카드를 일본에서는 사용할 수 없었다. 마스터카드든 비자든 아메리칸 익스프레스든 전부 된다고 했으면서 막상 사용하려고 하니 결제 계좌가 일본의 은행인 카드가 아니면 사용할 수 없다고 했다. 이 얼마나 경직된 사고인가!

융통성 제로인 일은 그뿐만이 아니었다. 나는 일본의 증권사에서 계좌를 개설하려 했지만, 대부분의 증권사에서 거절당했다. 참다못해 직접 알아보니 외국인이 계좌를 개설해 주식을 매매하는 것은 합법이었다. 하지만 그 당시 실제로 내 계좌를 개설해준 증권사는 단 한 곳뿐이었다. 10년도 더 된 일이고, 지금은 많이 변했을 것이라고 생각하지만 지인의 말을 들어보니 일본의 경직성은 여전한 모양이었다.

지인은 일본뿐 아니라 해외에서도 비즈니스를 하고 있는데, "일본 은행과는 거래하기가 정말 어려워"라고 푸념했다. 예를 들어 애플사의 매킨토시 기반 컴퓨터로는 법인 계좌의 온라인뱅킹 중 일부 기능을 사용할 수 없다고 한다. 세계의 무수한 나라가 매킨토시 OS가 탑재된 컴퓨터를 사용한다. 그런데 일본에서 온라인뱅킹을 제대로 활용하려면 윈도우가 깔린 컴퓨터를 별도로 구매해야 한다는 말이다.

지인의 이야기는 여기서 끝나지 않았다. 일본 은행의 체크카드는 해외에서 사용할 수 없고, 인터넷뱅킹 이용 약관에 '일본 국내에 거주하는 개인 고객에 한함'이라고 표기되어 있으며, 일본의 은행 직원은 시차를 고려하지 않고 자신들의 영업시간에만 전화를 건다고 한다. 이런 문제들에 진절머리가 난다는 표정이었다.

놀랍게도 일본의 은행 직원은 국제 전화를 걸 수 없다는 규정이 있다. 지인은 해외에 있을 때 은행 직원으로부터 수신자 부담으로 전화가 걸려와 그의 전화를 받을 때마다 1분에 1,500엔이나 하는 통화료를 부담해야 했다고 한다.

일본의 은행은 표면상으로는 글로벌 비즈니스를 응원한다고 떠들어대지만, 실상을 보면 해외로 나가 비즈니스를 하려는 사람들을 방해하고 있다. 은행 직원에게 이런 문제점을 제기해도 규정이어서 어쩔 수 없다는 반응이다. 여기에도 매뉴얼 지상주의의 폐해가 드러난다. 분명 그 은행 직원은 해외에서 비즈니스를 한 적이 없을 것이다. 그러니 지인이 무엇에 불만을 느끼는지도 이해하지 못할 것이다.

이런 경직성은 일본에 좋은 영향을 주지 않는다. 지금은 어느 정도 상황이 개선된 것 같지만, 아베는 내수 시장에 힘을 쏟고 싶다면 외국인을 허용하는 인프라를 정비해야 한다. 또 일본에서 해외로 진출한 사람들이 원활하게 비즈니스를 할 수 있도록 적극적으로 지원해주어야 한다.

돈을 쓰는 방법은
국민이 제일 잘 안다

　　나는 저축률이 그 나라의 미래를 측정하는 지표라고 생각한다. 과거 일본인의 가계저축률은 10퍼센트를 넘는 수준으로, 세계 어느 나라보다 높았다. 표 4를 보자. 2017년에 OECD(경제협력개발기구)가 발표한 조사에 따르면, 최근 10년간 중국의 가계저축률이 30퍼센트를 넘은 데 비해, 일본은 5퍼센트 미만에 머물렀다. 앞 장에서 언급했듯 일본 정부의 재정 상황은 계속 악화되고 있다. 일본 정부처럼 국민들도 부채를 점점 늘리게 될지도 모른다.

표 4 | 일본과 중국, 한국의 가계저축률

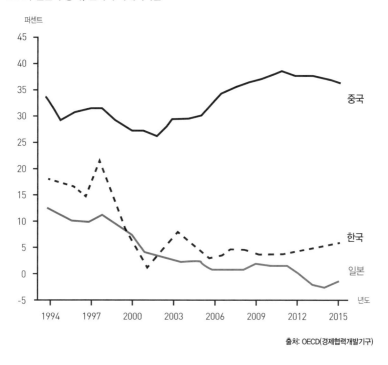

출처: OECD(경제협력개발기구)

만약 내가 일본 수상이 되어 국가의 최고 책임자로서 활동한다
면 무조건 지출 삭감에 착수하겠다. 그것도 도끼가 아니라 전기톱
을 이용해 나무 밑동을 벤다는 마음으로 쓸데없는 지출을 철저하
게 막을 것이다. 사회보장비용, 공무원의 인건비 등 모든 것이 삭
감 대상이 되겠지만 가장 먼저 손댈 것은 방위비다. 아베는 잘못
된 정책을 남발했다. 그중 최고로 잘못된 정책은 방위비 증가다.

현재 일본은 450억 달러 이상의 방위비를 지출하고 있다. 방위비를 아무리 늘려도 일본의 미래에는 한 푼어치도 도움이 되지 않으며 오히려 국민의 생활을 힘들게 할 뿐이다.

한 나라의 지출은 국민의 생활을 풍요롭게 하는 데 쓰여야 한다. 이를테면, 최신 설비를 갖춘 공장에 투자하면 그 공장에서 새 제품이 제조되고, 고용이 창출되며, 사회 전체에 좋은 영향을 미친다. 이런 지출이라면 대환영이다. 그러나 방위비의 효과는 어느 시대든 대단히 한정된 범위에서 발휘된다. 무기에 예산을 책정하면 무기 제조와 유지 보수 분야에 직접 종사하는 사람들은 수억 원을 얻겠지만, 그 이상의 상승효과는 없다. 시간이 지나 무기가 노후되면 쓸데없는 돈을 쓴 셈이 된다. 이미 여러 문제가 있는 일본에서 방위비를 비롯한 지출을 삭감하지 않고 증세를 거듭한다면 일본인은 더욱더 아이를 낳으려 하지 않을 것이다. 이것의 종착역은 국가 파멸이다.

자신이 가진 돈을 어떻게 해야 할지 가장 잘 아는 사람은 누구일까? 아베가 잘 알 거라고 생각하는가? 당연히 그렇지 않다. 자신의 돈을 어떻게 해야 할지 가장 잘 아는 사람은 언제나 '나'다. 돈을 쓸 방법을 스스로 정할 수 있게 되기 위해서라도 일본 정부는 국가 지출을 대폭 삭감하고 감세를 시행해 국민들에게 활력을 불어넣어야 한다.

농업의 가능성에
눈을 돌려라

　세계적으로 농업 농사자의 평균 연령이 높아지는 추세다. 일본 농업 종사자의 평균 연령은 66세로, 상당수가 고령자다. 일부 지역에는 일손이 없어 놀리는 땅이 늘어나고 있다고 한다.

　농가의 자녀들은 가업을 잇지 않고 도쿄나 오사카 같은 대도시로 가 다른 일을 한다. 기존 방식대로 혈연관계인 후계자에게 의존하며 농업에 종사하는 사람이 없어져 결국 일본의 농업은 쇠퇴할 것이다.

　그러나 일손만 충분하다면 경쟁자가 없는 일본 농업에는 밝은 미래가 기다리고 있다. 식량을 생산하는 것만으로도 상당한 수익이 기대되며, 무엇보다 미래가 보장되어 있다. 경쟁자가 적은 지금, 농업을 시작하면 15년 뒤에는 성공한 농가로 자리 잡아 "여기서 일하게 해주세요"라고 말하는 사람이 줄을 이을 것이다.

당신의 자녀가 열 살짜리 아이라면 앞날이 보이지 않는 일본의 대기업이나 공무원이 아니라 농업 분야로 진로를 정하게 하는 것이 어떨까. 농업은 성공과 안정이라는 두 마리 토끼를 잡을 수 있는 합리적인 선택지다.

그러나 과도하게 보호받고 고등교육을 받은 일본 청년들은 뙤약볕에서 일하며 손을 더럽히는 것을 싫어한다. 직접 농작물을 재배하고 싶지 않다면 농지를 사들인 뒤 이민자를 고용해 경영을 하는 방법도 있다. 지금 일본의 농지와 농장은 인기가 없어 매우 저렴한 편이다. 여기에 의욕 있는 이민자를 불러들이면 성공을 거둘 수 있다.

사실 일본인이 나서지 않아도 장차 일본에 이민자가 늘어나면 그들이 몸소 농지를 사 농업에 종사할 것이다. 일자리를 잃거나 퇴직한 일본인을 노동력으로 영입할 가능성도 있다. 요즘에는 정년퇴직한 60대여도 체력과 지력이 잘 유지되어 있으므로 얼마든지 노동력으로 활용할 수 있다. 아무튼 일본의 농업을 핵심 성장 산업으로 만들려면 이민자를 받아들이는 것이 필수 조건이다.

일본 정부는 청년층과 이민자가 농업에 의욕적으로 뛰어들 수 있게 환경을 정비해야 한다. 그와 동시에 농가를 지나치게 보호하는 정책을 폐지해야 한다. 브라질이나 미국과 같은 세계적 농업 국가와 경쟁하려면 저임금 노동력을 도입해 생산 가격을 낮춰야 하기 때문이다.

또 일본의 농업 기술 가치에 눈을 돌리는 것도 상당히 큰 의미가 있다. 비료와 농약, 유통비가 높으므로 ICT(정보통신기술) 시스템을 이용한 재배 기술 향상과 대규모 농법 개발과 같은 혁신이 이루어져야 한다. 그러려면 국내 농업에 투자해 돈의 흐름을 늘려야 한다.

기술력 측면에서 세계적으로 인정받는 일본이 첨단 농업 기술을 개발한다면 기술을 해외에 수출해 외화를 획득할 수도 있다. 그렇게 하기 위해서라도 일본의 농업에 젊은 세대를 더 많이 유입해야 한다.

일본 정부는 반세기 동안 지속했던 쌀 감반정책(減反政策, 1971년부터 추진한 정책으로, 쌀 경작지와 생산량을 줄이는 생산조정제 - 옮긴이)을 2018년에 폐지했다. 이런 법 개정은 높이 평가할 만하다. 법 개정에 따라 농업에 대한 진입 장벽이 낮아져 젊은 농업인이 등장하고 있다. 직장을 다니던 사람이 농업 법인을 설립해 연간 12억 엔의 매출을 올린다는 이야기도 들었다.

이런 사람들이 더 많아져야 경제가 성장한다. 일본에서 성장할 수 있는 산업은 한정되어 있으므로 농업만이라도 육성하지 않으면 일본은 틀림없이 쇠퇴할 것이다.

아시아 관광객에게서 가능성을 찾아라

농업과 동시에 일본에서 장래성이 있는 산업은 관광이다. 일본 관광은 앞으로도 호조를 보일 것이다. 일본에는 오랜 역사가 느껴지는 건축물과 전통 민가, 다도, 무사도 문화 등 외국인을 매료할 만한 요소가 충분히 있다.

예전부터 가까운 아시아인들이 주로 일본을 방문했다. 앞으로는 중국에서 엄청난 관광객이 방문할 것이다. 14억 인구를 보유한 중국은 오랫동안 자유롭게 해외여행을 할 수 없었지만 이제 규제가 완화되었다. 지금은 중국에서 여권을 만들고 통화를 지참해 해외로 나가기가 쉬워졌기 때문에 많은 중국인이 세계 곳곳을 여행하고 있다. 1980년경, 뉴욕에 갑자기 일본인 관광객이 밀어닥쳐 사람들을 놀라게 한 일이 떠오른다. 중국 인구는 일본 인구보다 10배 이상 많으므로 그보다 더 큰 영향력을 미칠 것이다.

실제로 2003년에 일본을 방문한 중국인은 50만 명도 되지 않았지만 2018년에는 800만 명 이상을 기록했다. 중국에서 가까운 일본은 앞으로도 중국 관광객의 수혜를 톡톡히 누릴 것이다.

중국인에게 미국이나 독일은 아직 먼 나라다. 반일 감정을 지닌 중국인도 일부 있긴 하지만 비싼 항공료를 내느니 일본에 가겠다는 중국인이 더 많다. 이게 기회가 아니면 무엇이 기회겠는가. 중국인을 싫어하는 일본인은 도저히 용납하지 못할 수도 있지만, 부자가 되고 싶다면 중국어 여행 가이드를 하는 것이 좋다. 중국 외에도 9,600만 인구를 보유한 베트남과 경제 성장 중인 한국과 북한 등의 아시아 여행자에게 일본은 앞으로도 매력적인 나라일 것이다.

이런 큰 파도를 타려면 일본인은 외국인을 받아들일 능력을 키워야 한다. 다시 한 번 말하지만, 일본은 외국인에게 문을 걸어 잠근 역사가 있다. 외국인에게 폐쇄적인 데다가 물가도 높아 외국인이 즐기기에 결코 편안한 장소는 아니었다.

세계에서 손꼽히는 경제 대국임에도 외국의 신용카드를 사용하지 못하는 것은 있을 수 없는 일이다. 물론 지금은 상황이 다소 호전되었다. 예전에는 사용하지 못하던 내 신용카드로 결제가 되는 곳이 늘었고, 일본 정부도 내수 시장 증가를 위해 면세품을 확대했다.

　이 단계에서 손을 떼면 안 된다. 관광 대국으로서의 위치를 공고히 해 아시아 관광객을 더욱 끌어들여야 한다. 그러려면 관광객을 유치하는 동시에 부가가치도 높여야 한다. 2018년에 일본을 찾은 관광객의 인당 여행 지출비는 약 15만 엔으로, 전년 대비 수치가 떨어졌다. 이제 중국인의 '폭탄 쇼핑'에만 소비를 기대하지 말고, 일본만의 고부가가치 경험을 판매할 방법을 생각해야 한다.

　실제로 통계된 일본의 국내 소비를 항목별로 살펴보면, 여전히 쇼핑 항목이 상당 비율을 점유하고 있지만 숙박비, 체험비 등 서비스 항목의 비율이 서서히 증가하는 것을 확인할 수 있다. 이는 외국인 관광객의 흥미가 일본의 제품에서 체험으로 이동하고 있다는 방증이 아닐까. 양보다 질에 눈을 돌리는 것이 일본 관광업을 강화하는 핵심 요건이 될 것이다.

해외 시장에 힘을 쏟아라

아베는 일본의 지역 활성화에 힘을 쏟고 있다. 하지만 나는 외국인과의 비즈니스로 외화를 벌어들여 일본 전체를 활성화하는 것이 더 합리적이라고 생각한다. 그런 의미에서 일본인과 일본 기업은 내수 시장뿐 아니라 해외 시장에도 눈을 돌려야 한다. 몇 년 전에 기후 현의 한 딸기 농장이 중동의 UAE에 한 알에 5만 엔이나 하는 딸기를 수출했다는 뉴스를 보았다. 일본에는 그런 고부가가치 제품이 얼마든지 있다.

그런데 안타깝게도 이렇게 가치 있는 것들이 간과되고 있다. 일본인은 딸기 한 알을 먹기 위해 5만 엔이나 지불하는 외국인이 있다는 사실을 상상도 하지 못한다. 또 적지 않은 일본인이 저가 경쟁 사고에서 벗어나지 못하고 있다.

지인이 재미있는 이야기를 해주었다. 외국인들은 일본인이 페트병에 담긴 녹차 음료를 마시는 모습을 기이하게 생각한다고 한다. 요즘 해외에서도 찻주전자로 녹차를 내려 마시는 것이 유행인데, 그렇게 아름다운 문화를 버리고 아무 생각 없이 페트병을 사용하는 모습이 너무 이상하다는 것이다.

일본은 자국에서 배양된 가치를 해외에 제대로 확산하지 못한다는 약점을 갖고 있다. 앞서 이탈리아 요리를 예로 들었듯, 일본인은 해외에서 가져온 문화를 고품질로 더욱 갈고닦는 능력을 가지고 있지만, 그렇게 창출된 가치가 일본 국내에서 경쟁에 소모되고 있다. 정말 안타까운 일이다.

일본의 도시에 가면 유명한 라멘 체인점이 한둘이 아니다. 하지만 해외에 출점한 가게는 극히 드물다. 용감하게 해외 진출한 잇푸도(一風堂) 라멘은 전 세계적으로 인기를 끌고 있다. 일본인은 세계에서 통용되는 일본 문화의 가치를 잘 알지 못한다. 전통적인 것, 일본만의 것에 진정한 가치가 있다. 다도든, 독서든 흥미 있는 분야를 꾸준히 공부해 세계에서 펼쳐나가려는 의지가 중요하다.

그러나 해외 시장을 타깃으로 한 사업을 일본 정부 주도하에 추진하는 것은 반대다. 일본 정부는 '쿨재팬 전략'을 내걸고 해외에 비즈니스를 하려 하지만 실상은 그리 좋지 않다. 일본의 국세가 투입된 쿨재팬 기구가 말레이시아의 수도 쿠알라룸푸르의 일등지에 설치되었다는 보도를 접한 사람도 있을 것이다.

'ISETAN The Japan Store'라는 간판을 내건 이 시설은 미츠코시 이세탄 홀딩스와 쿨재팬 기구가 공동출자해 운영되며, 10억 엔 상당의 일본 국세가 투입되었다. '동남아시아의 일본 문화 발신 거점'이라는 목적으로 설치되었지만 파리만 날리는 상황이라고 한다. 이 상황을 인식한 미츠코시 이세탄 홀딩스는 쿨재팬 기구에서 모든 주식을 매입해 독자적으로 자력갱생하기로 방향을 전환했다. 뒤늦게나마 문제를 깨달아서 다행이다. 사실 처음부터 민간의 힘에 맡겼어야 했다.

몇 년에 한 번씩 담당자가 바뀌는 일본의 관료 조직에 맡기면 결국 그 시설은 이권화되고, 돈을 쓰는 것 자체가 목적이 된다. 역사상 그런 일이 수없이 되풀이되었다.

지지율을 올리기 위해 여러 가지 시책을 펼치려는 늙은 정치가들이나 예산과 낙하산 인사를 기대하며 쓸데없이 일을 만들어내는 관료들은 차라리 아무 일도 하지 않고 가만히 앉아 있는 편이 낫다. 의욕 있는 젊은 민간인에게 맡겨야 훨씬 뛰어난 성과를 거둘 수 있다. 일본 정부는 정부 주도가 아닌 우수한 비즈니스 마인드를 지닌 일본인이 그 능력을 유감없이 발휘할 수 있도록 환경을 마련해주어야 한다.

미래를 읽고 싶다면
역사를 공부하라

미래에서 발행된 신문을 읽을 수 있다면 누구나 백만장자가 될 것이다. 그렇다. 미래의 내용이 좋든 나쁘든 앞날을 바르게 파악하면 성공을 거둘 수 있다. 지금까지 일본의 어두운 미래를 이야기했지만, 그런 미래를 인식하고 기회로 받아들이는 사람에게는 오히려 밝은 미래가 찾아올 가능성이 있다.

젊은 시절 내가 회사에서 일했을 때의 일이다. 어느 날 한 상사가 조간신문을 읽고 나서 이렇게 말했다.

"짐, 주식 장이 개시되면 이 주식이 10만 주에 ○○달러에 매매될 테니 사두도록 하게."

장이 개시되자 상사가 말한 대로 매수 주문이 나온 것을 보고 정말 깜짝 놀랐다. 그는 단기 매매의 천재였던 것이다. 신문을 읽고 앞으로 무슨 일이 일어날지 거의 정확하게 파악하는 능력의 소유자였다. 안타깝게도 내게는 그렇게 뛰어난 능력이 없다. 세상에는 단기 매매를 잘하는 사람도 있지만 나는 그 부류에 해당하지 않는다. 그러나 장기적인 변화를 파악하는 데는 자신이 있다.

나는 역사와 철학에 대한 흥미를 잃지 않고 꾸준히 공부한 덕분에 미래에 어떤 변화가 일어날지 장기적인 관점에서 예측할 수 있게 되었다. 역사를 알면 모든 일이 과거에 이미 일어난 적이 있음을 알게 된다. 역사는 이 세상이 어떻게 이루어지고 흥망성쇠하는지를 가르쳐준다. 우리가 새롭다고 느끼는 것도 그리스와 로마의 역사를 살펴보면 같은 일이 있었음을 알 수 있다. 2천 년도 더 전에 플라톤이 쓴 책이 21세기에 일본과 미국에서 일어날 변화를 파악할 단서가 되기도 한다.

그렇다면 역사는 왜 되풀이되는 걸까? 과거에도, 현재에도 인간은 거의 변하지 않았기 때문이다. 미래에도 크게 다르지 않을 것이다. 플라톤은 일본에 가본 적이 없고, 그가 살았던 시대에는 인터넷도, TV도 없었다. 하지만 플라톤의 동시대인들도 지금의 우리와 똑같이 심장이 있었고, 밥을 먹었고, 질투를 했다. 때로 인간은 이성을 잃고 감정에 치우쳐 잘못된 판단을 내린다. 지금 일어나는 문제도 미래의 누군가가 기록을 보고 '옛날에도 이런 문제가 있었 군'이라고 여길지도 모른다.

사물이 변화한다는 점 역시 역사를 통해 배울 수 있다. 1900년의 상식은 1915년에는 상식이 아니며, 1930년에 적절했던 방식이 1945년에는 전혀 맞지 않을 수도 있다. 그리고 지금 우리가 생각하는 것이 2035년에는 터무니 없게 느껴질 수도 있다. 이렇게 커다란 변화를 감지하면 현재 무슨 일이 일어나고 있는지, 앞으로 무슨 일이 일어날지 통찰할 수 있다.

나는 젊었을 때부터 역사에 관심이 있긴 했지만 그때는 아직 역사를 통해 앞날을 내다본다는 관점을 갖고 있진 않았다. 그래서 옥스퍼드 대학교에 진학했다. 내가 좀 더 현명했다면 중국의 대학에 진학했을 것이다. 실제로는 문화대혁명 시기였기 때문에 중국으로 유학을 떠날 수 없었겠지만, 적어도 아시아의 대학에 갔다면 지금보다 더 큰 부를 쌓았을 지도 모른다.

내가 옥스퍼드 대학교에서 기른 역사 실력은 월가의 투자 업계에서 일하며 톡톡히 써먹었다. 돈의 움직임도 역사적으로 되풀이된다는 사실을 알아차렸기 때문이다. 그래서 나는 수십 년간 미국과 유럽은 물론이고 서양인에게는 낯선 일본, 중국 등 아시아와 기타 지역의 역사를 공부했다.

이렇게 말하면 "어느 나라의 역사를 공부해야 할까요?", "어떤 역사책으로 공부하는 게 좋을까요?"라고 묻는 사람들이 있다. 그런 질문은 코미디다. 같은 역사라도 서구 사회의 시각에서 본 역사와 아시아나 아프리카의 시각에서 본 역사는 다르다. 또 경제사나 정치사 등으로 분류할 수도 있다. 이렇게 각양각색의 관점으로 다가간 역사는 퍼즐 조각과 같아서 모두 맞추면 머릿속에 '세계'라는 삼차원 퍼즐이 완성된다.

그러므로 어떤 역사든 알아두면 득이 된다. 가능하면 여러 나라의 역사를 익혀라. 그러면 진정한 세상의 모습이 보이기 시작할 것이다.

세상의 변화를 느끼고 싶다면 여행을 떠나라

　미래를 예측하려면 세계를 다니며 직접 느끼는 것도 중요하다. 지금까지 나는 한 번은 오토바이로, 한 번은 자동차로 세계일주를 했다. 그때 만난 사람들과 거리의 모습이 투자를 판단하는 데 도움이 된 적이 많다.

　단순히 구경만 해서는 도움이 될 만한 힌트를 얻을 수 없다. 세상을 보기 전에 그 나라의 역사를 공부해야 한다. 역사를 알지 못한 채 타국에 발을 들여놓으면 눈에 들어오는 풍경 대부분을 이해하기 어렵다. 관광을 즐길 수는 있겠지만 몇 달 지나면 그곳에서 무엇을 보았는지 제대로 기억하지 못한다.

앞서 일본인의 해외 유학 기간이 짧다는 점을 지적했다. 단기간에 밀도 높은 경험을 할 수 있는 방법이 없는 것은 아니다. 그러려면 역사를 인식할 능력이 필요하다. 역사를 알면 같은 현상을 봐도 다른 사람들과 다르게 해석할 수 있다. 오토바이로 세계일주를 한 뒤 여행기《월가의 전설 세계를 가다》를 출간했다. 그 책에 '앞으로 기독교, 이슬람교와 같은 종교나 민족주의를 둘러싼 전쟁이 시작될 것이다'라고 써 주위를 놀라게 했다. 그 말이 현실이 되었기 때문이다.

내가 오토바이로 세계를 돌아다녔을 때는 공산주의와 자본주의의 싸움이 종말을 고한 시기였는데, 공산주의의 상흔이 아직 세상에 짙게 남아 있었다. 오토바이를 타고 공산권을 달릴 때 국경선이 눈에 들어왔다. 공산주의자들이 다양한 민족을 억지로 집어넣고 난 뒤 그은 부자연스러운 국경선이었다.

부자연스럽고 애매한 국경선은 다툼을 유발한다. 이것도 역사에서 배운 것이다. 틀을 잃은 국민은 민족과 종교에 자신의 정체성을 의지하고, 결국 그 때문에 분쟁이 일어난다. 이런 분쟁은 앞으로도 계속 일어날 것이다. 강요된 이데올로기라는 틀이 벗겨지면 세상은 더욱 잘게 분단되고, 국경선은 더욱 복잡해질 것이다.

경제 글로벌화가 진행되어 사람들은 세계 어디에서나 도요타 자동차를 몰고, 맥도날드 햄버거를 먹을 수 있게 되었다. 세계 여행을 하면서 일부 사람들은 그런 현상에 싫증이 났다는 것을 느꼈다. 그들은 좀 더 알기 쉽고 통제하기 쉬운 정체성을 추구한다. 그것은 언어이기도 하고, 민족이기도 하다. 여기에 분쟁의 불씨가 숨어 있다.

섬나라이자 동질성이 강한 사회인 일본에서 한 번도 나가본 적이 없는 사람은 이런 깨달음을 얻을 수 없다. 과거의 역사를 배우고 세계를 여행하며 변화를 살펴보라. 그런 일본인이 늘어나면 다양한 문제를 가지고 있는 일본에 큰 희망이 될 것이다.

짐로저스의
일본에
보내는경고

3

변화를 읽으려면 미국, 중국, 한반도를 주목하라

■

한국은 일본과 같은 문제를 안고 있다.
출산율이 낮고, 고령화가 진행되고 있으며
외국인에 대해 보수적인 성향을 가지고 있다.
하지만 한반도의 남북통일이 실현되면
한국의 문제점은 거의 해결될 것이다.
한국이 일본보다 성장할 것이라고 생각하는 또 다른 이유는
일본인보다 한국인의 기질이 좀 더 개방적이기 때문이다.
한국인은 변화에 대한 거부감이 적고,
현실에 당면한 과제를 주체적으로 해결하려는 의욕을 보인다.

■

미국에서 보이는
쇠퇴의 징조

　이 장에서는 미국, 중국, 한반도를 비롯한 세계 여러 나라에 보이는 현상과 미래상을 전하고자 한다. 이 나라들에 대해서는 전작 《세계에서 가장 자극적인 나라》에서도 언급했지만, 다시 한 번 현상을 짚고 넘어가도록 하겠다.

　가장 먼저 미국을 살펴보겠다. 미국에서는 트럼프 대통령이 보호주의를 강화하고 있는데, 정말 우매한 정책이다. 이 정책은 미국의 국력과 경제를 약화시키는 요인으로 작용할 것이다.

트럼프가 대통령이 되기 전부터 미국은 일부 업계를 보호해왔다. 대표적인 업계가 철강이다. 미국의 철강 업계는 수십 년 전부터 '외국 기업들로부터 우리를 지켜달라'며 정부에 매달렸고, 정부는 그 요청을 받아들였다. 그로 인해 철강 업계 종사자들은 정리해고를 통해 효율을 높이거나 성공한 다국적 기업의 기법을 도입하지 않고 정부의 보호 아래 기존 체제를 유지할 수 있었다.

트럼프 정권은 나쁜 전통을 이어받았을 뿐 아니라 더욱 악화시키고 있다. 그는 해외에서 수입하는 철강과 알루미늄의 관세를 올렸다. 보호 정책을 펼쳐 철강 업계를 지켜봤자 그 수혜를 받는 것은 국내 3만여 명의 철강 노동자뿐이다. 그 때문에 3억 명 이상의 미국 국민은 비싼 가격에 철강 제품을 구매해야 한다.

보호주의 정책의 영향은 여기서 그치지 않는다. 예를 들어 수입 자동차에 관세를 높게 매기면 국내에서 판매되는 자동차 가격이 인상된다. 그러면 그 자동차를 살 세탁소는 그 가격을 세탁비에 반영한다. 물류 트럭이나 택시 요금도 인상될 것이다. 이런 영향이 확산되면 미국 국민의 생활은 더욱 힘들어질 것이 분명하다.

트럼프는 화웨이에도 강경한 자세를 고수한다. 나는 그의 모습에서 초조함을 읽었다. 중국은 매년 미국의 8배가 넘는 엔지니어를 배출한다(표 5). 트럼프는 시장 경쟁에 맡겨두면 중국을 이기지 못한다고 생각했을 것이다. 그러나 화웨이 제품 사용을 전면 금지

표 5 | 2016년 과학기술계 학과 졸업생 수

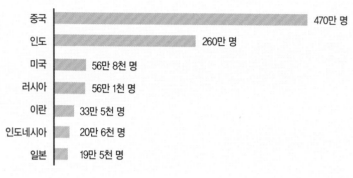

출처: 세계경제포럼(WFF)

한다고 해서 미중 테크놀로지 전쟁에서 미국이 승리할 수는 없다. 이미 세계 각국에서 화웨이 제품이 쓰이기 때문이다.

시장에서 싸울 수 없으니 정치가에게 의지한다. 이는 미국의 철강 업계가 이미 한 행위다. 그렇게 미국은 어리석은 역사를 되풀이하고 있다. 장기적으로 볼 때 이 정책은 미국 경제의 쇠퇴를 초래할 것이다.

미중 무역전쟁의 끝은
무력 충돌일 수도 있다

보호주의를 강화할수록 미국 경제는 악화된다. 그렇게 되면 트럼프는 보호 정책을 그만둘까? 나는 그 반대일 것이라고 예측한다. 트럼프는 지금까지 경제와 시장이 잘 돌아가는 것을 자신의 공으로 포장했다. 자신의 실책으로 국내 경제가 악화되었다는 것을 인정한다면 지금의 위치를 잃어버릴 것이기 때문이다.

트럼프는 자신의 실책을 그렇게 쉽게 인정할 사람이 아니다. 그는 궁지에 몰리면 가상의 적국을 만들어 경제가 악화된 책임을 뒤

집어씌울 것이다. 첫 목표는 역시 중국이다. 미중 무역전쟁은 점점 본격화되고, 나중에는 중국에 수출을 많이 하는 일본과 한국에도 강경한 태도를 보일 것이다.

트럼프는 지금 중국과의 무역전쟁에서 이기는 것이 이익이라고 진심으로 믿고 있다. 착각도 유분수다. 트럼프는 역사를 아예 모르거나 수천 년의 인류 역사보다 자신이 더 영리하다고 생각하는 모양이다.

대규모 무역전쟁이 터지면 그 영향은 전 세계로 퍼진다. 미래에 불안을 느낀 사람들이 소비를 줄이고 투자 의욕도 줄어들면서 세계 경제는 급속히 악화될 것이다. 세계 각국의 채무가 전례 없이 증가한 지금, 정부와 기업의 신용도가 떨어지면 사람들은 상환에 대한 불안감으로 채권을 사지 않는다. 그러면 금리를 올릴 수밖에 없고, 금리가 급상승하면 채무가 많은 나라는 타격을 받을 수밖에 없다.

일본은 무역 대국이지만 공적 채무가 많으므로 무역전쟁이 터지면 헤아릴 수 없이 큰 피해를 입을 것이다. 채무가 적고 자원이 풍부한 러시아 같은 국가는 비교적 영향을 적게 받겠지만 결국 무역전쟁은 모든 국가와 지역에 부정적으로 작용할 것이 분명하다.

트럼프는 줄곧 "무역전쟁은 좋은 것이다"라고 말해왔다. 위대한 미국을 되찾는 데 필요하다고 하면서 말이다. 트럼프가 취임했을 무렵에는 무역전쟁이 아무 가치가 없다는 것을 아는 사람이 정부 기관에 있었지만, 그들은 이제 정권에서 멀어졌다. 지금은 트럼프에게 동조하여 미국이 무역전쟁에서 이기는 것이 미국의 이익이라고 믿어 의심치 않는 패거리만 남아 있다.

그들은 돌이킬 수 없는 사태가 되어서야 과오를 인정할 것이다. 세계 최대의 대외 채무를 끌어안은 미국은 경제 악화로 국채 채무 불이행을 일으킬 가능성이 있다. 채무 불이행에 대한 우려가 강해지면 미국 국채 가치는 상대적으로 떨어지고, 금리가 상승한다. 이 금리를 지급할 여력이 없는 미국은 지폐를 더 많이 찍어내고, 그러면 인플레이션이 발생한다. 그때 직면하는 문제는 2008년 금융위기보다 훨씬 심각할 것이다.

1930년대에 미국이 시작한 무역전쟁은 경제 붕괴를 유발했고, 제2차 세계대전을 일으켰다. 그때처럼 무역전쟁이 무력 충돌 사태로 확전될 수도 있다.

어느 시대이든 전쟁이 일어났다. 지금까지 많은 철학자와 종교 지도자가 전쟁을 멈추는 방법을 찾으려 했지만 아직 성공하지 못했다. 지금도 세상 어딘가에서 전쟁이 벌어지고 있으며, 앞으로도 전쟁은 완전히 없어지진 않을 것이다.

전쟁은 국민이 정치가의 "적을 때려눕히자!"라는 선동에 휩쓸려 열광할 때 일어난다. 전쟁이 시작되면 사람들은 '악과의 싸움'에

도취되었다가 돌이킬 수 없는 파멸의 늪에 빠진 뒤에야 비로소 눈을 뜬다.

　전쟁은 누가 시작하든 멍청한 짓이다. 전쟁은 자본을, 생명을 파괴한다. 전쟁이 시작되면 패전국은 물론 승전국도 많은 것을 잃는다. 무역전쟁이든 무력을 수반하는 전쟁이든 아무도 승자가 되지 못한다.

중국의 힘은
오랜 상인 정신에서 나온다

　총알을 다 써버린 미국 다음에 대두할 나라는 역시 중국이다. 좋든 싫든 중국은 21세기에 가장 중요한 나라가 될 것이다. 19세기는 영국의 시대였고, 20세기는 미국의 시대였다. 그리고 다음 강대국은 중국이다. 중국은 영국, 터키, 이탈리아 등 과거의 패권 국들과 달리 역사상 여러 번 세계의 정점에 선 유일한 국가다.

　나는 자동차로 중국을 세 차례나 횡단했다. 중국대사관과 관광국은 중국인뿐 아니라 세계 어느 나라 사람도 전례가 없다며 놀라

위했다. 물론 사실 여부는 확인할 수 없지만 나는 중국의 변화를 직접 눈으로 확인하고, 수십 년 전부터 중국의 성장을 확신했다.

일반적으로 중국인을 공산주의자라고 하는데, 나는 그렇게 생각하지 않는다. 역사적으로 볼 때 중국인은 가장 우수한 자본주의자다. 그들에게는 기업가 정신을 발휘한 오랜 역사가 있다. 그리고 중국에는 여러 시대에 상인 계급이 존재했다. 이것이 러시아와의 결정적인 차이점이다. 러시아는 자본주의 전통을 거의 갖지 못해 아직도 공산주의의 제약에서 탈피하지 못했지만, 표면적으로 공산주의로 가장한 중국은 실로 교묘하게 자본주의를 도입했다.

1975년 1월, 저우언라이는 전국인민대표대회에서 농업, 공업, 국방, 과학 기술의 전면적 근대화를 실현하자는 이른바 '4가지 근대화 노선'을 제창했다. 4가지 근대화 노선은 1978년, 덩샤오핑의 지도하에 통일적 국가 목표로 정착되었다. 내가 생각하기에 그들은 중국의 자본주의 역사에 비추어 호소하지 않았을까. 중국의 산업과 기술을 최고 수준으로 밀어 올렸던 기업가 정신의 봉인을 푼 것이다.

마오쩌둥이 일으킨 문화혁명으로 중국에 철저하게 공산주의가 시행된 것은 고작해야 30년밖에 되지 않았다. 그러니 지금의 중국인들에게는 아직 자본주의의 기억이 남아 있을 것이다. 실제로 자본주의를 버리지 못한 중국인들이 해외로 이주해 화교로서 경제적 성공을 거두지 않았는가.

화교는 중국이 지닌 최강 자원 중 하나다. 거대한 해외 이주자 네트워크를 보유하고 있는 그들은 싱가포르와 방콕, 밴쿠버, 자카르타, 뉴욕 등에서 성공을 거두었다. 가령 중국에서 태국으로 건너가 5세대가 된 화교들은 중국인으로서의 정체성을 지키고 중국어를 사용한다. 그리고 중국은 얼마든지 그들을 맞아들일 준비가 되어 있다. 화교는 중국으로 돌아갈 때 자본은 물론, 지식도 챙겨간다. 중국은 화교가 가져온 지식을 재빨리 흡수해 자신들의 강점으로 바꾼다. 중국인의 그칠 줄 모르는 지식에 대한 열망이 국가를 발전시킨 원동력이다.

내가 중국의 시대가 올 것이라 확신하고 처음으로 투자한 것은 1988년, 오토바이로 중국을 횡단했을 때다. 중국의 가능성을 몸소 느끼고 상하이 증권거래소에서 중국 주식을 사기로 결정했다.

당시 거래소는 비포장도로에 삐뚜름하게 세워진 건물 안에 있었다. 건물 안으로 들어가자 사방이 10미터 정도 되는 사무실이 나왔는데, 직원은 단 한 명이었다. 주식을 사고 싶으면 그에게 돈만 주면 되었다. 이것이 바로 점두시장(店頭市場), 즉 장외거래다. 직원은 주판으로 계산을 했다. 그때는 창구에서 거래되는 종목이 셀 수 있을 정도로 적었기에 은행주를 매입했다. 사실 투자보다는 기념이라는 의미가 강했지만, 머지않아 큰 투자 기회가 올 것이라는 확신이 들었다. 당시 나는 TV 방송에서 이렇게 말했다.

"언젠가 나는 중국에 대규모 투자를 할 겁니다. 그러니 중국의 시스템이 어떻게 되어 있는지 지금 알아둬야 합니다. 혁명 전의 중국에는 아시아 최대의 주식시장이 있었죠. 내 생각이 옳다면 다시 그렇게 될 겁니다."

1999년에 다시 상하이를 방문했을 때, 내 확신은 더욱 강해졌다. 당장이라도 무너지지 않을까 걱정스러웠던 거래소 건물이 번쩍번쩍한 고층 건물로 변신해 있었다. 그때 정식으로 증권 계좌를 개설해 중국 주식을 추가 매수했다.

중국 주식은 예전보다 꽤 올라 있었다. 중국 주식이 사고 싶다면, 중국 경제가 경기 후퇴기에 들어설 때까지 매수 시기를 기다리는 것이 좋다. 매도 시기는 내가 살아 있는 동안에는 찾아오지 않을 듯하다. 중국 경제는 분명 지속적으로 성장할 것이다.

'선상시, 후관제'로
알 수 있는 중국

중국에는 유리한 점이 많다. 14억 명이 넘는 방대한 인구와 화교로 대표되는 자본은 명백한 장점이다. 인구 규모는 국력과 직결한다. 앞서 말했듯 중국은 매년 미국의 8배가 넘는 엔지니어를 배출하고 있다. 놀라울 정도로 많은 수다. 어느 나라도 21세기에 중국이 대두하는 것을 막을 수 없을 것이다. 그래서 트럼프가 화웨이에 그렇게 적대적인 게 아닐까.

중국이 지속적으로 인재를 배출할 수 있는 것은 교육제도에 기인한 바가 크다. 나는 싱가포르에서 두 딸을 교육시키는데, 아시아식 교육은 미국의 교육보다 훨씬 알차고 수준이 높다.

엔지니어가 왕성하게 활약하는 것은 기술을 중시해온 중국 역사와도 관련이 있다. 장쩌민, 후진타오, 원자바오 등 역대 지도자 중 상당수가 기술자 출신이었고, 덩샤오핑도 기술에 중점을 두어 중국을 여기까지 발전시킬 수 있었다.

중국은 규제가 너무 심해 비즈니스를 하기 어렵다고 생각한 시대도 있었다. 지금도 모든 것이 국유화된 중국의 이미지를 떠올리는 사람이 적지 않다. 그러나 지금은 IT 관련 분야를 중심으로 한 비(非)국영 기업이 중국 경제를 견인하고 있다.

내가 보기에 지금의 중국 정부는 국민을 위에서 관리하는 것이 아니라 국민이 갖춘 상혼과 근면함을 발휘시키려 하는 것 같다. 이 점은 리커창이 내건 '선상시, 후관제(先賞試 後管制)'라는 방침에서도 명확히 나타난다. 이는 '먼저 시도해보고 문제가 있으면 그때 정부가 규제하면 된다'라는 뜻이다. 이것이 바로 중국공산당의 자세다.

나는 근면한 사람은 반드시 성공한다고 생각한다. 그런 의미에서 중국의 앞날은 매우 밝다. 자동차로 중국을 여행했을 때 농지에는 언제나 일하는 사람들이 있었다. 그들은 해가 질 때까지 쉬지 않고 일했다. 절반은 여성이었는데, 앉아서 수다를 떠는 사람은 한 명도 없었다. 해가 저물자 전등을 비춰가며 도로 공사를 하는 사람들의 모습이 보였다. 몇몇 어르신이 새장 속의 새를 친구 삼아 차를 마시긴 했지만, 노닥거리는 젊은이는 보이지 않았다.

이쯤에서 내 중국인 친구를 소개하고 싶다. 1988년에 처음 만난 그는 작은 포장마차에서 농민들을 상대로 빵을 팔았다. 1990년에 그를 다시 만났을 때, 그의 포장마차는 레스토랑이 되어 있었고, 자그마한 호텔 하나를 더 경영하고 있었다. 그 뒤 그와 재회하기까지 약 10년이 걸렸다. 그는 여러 개의 큰 호텔과 레스토랑을 경영하고, 양탄자를 만드는 공장을 소유한 자본가가 되어 있었다. 나는 그에게서 중국의 정신과 희망을 보았다.

중국인들은 근면하게 일하고, 수입의 30퍼센트를 저축하거나 투자를 위해 사용한다. 그런 나라가 어떻게 성장하지 않을 수 있겠는가. 중국은 '한 자녀 정책'이라는 어리석은 정책이 초래한 문제로 인해 한동안 골머리를 앓겠지만 장기적으로 생각하면 중국의 세력은 전 세계로 뻗을 것이다.

단, 중국에 급속히 퍼져가는 경제 격차에는 문제를 느낀다. 갑자기 부유해진 중국 벼락부자들의 행실을 보면 눈살이 찌푸려진다. 그들은 1950년대의 미국인이 '추한 미국인'으로 불렸을 때처럼 돈을 잔뜩 가지고 해외에 나가 "난 당신들보다 훨씬 잘살아!"라며 으스댄다.

이는 예전의 영국인에게도 보였던 현상이다. 하지만 일본인은 그런 모습을 보이지 않았다. 일본인은 현명하게도 경제가 발달하지 않았던 중국을 방문했을 때 지폐 다발을 내보이며 과시하지 않았다. 만약 그때 일본인이 중국의 벼락부자들처럼 행동했다면 중국인의 분노를 샀을 것이다. 이런 태도가 자신의 부를 다룰 때 가장 중요한 부분이다.

패권국은 근린국을 지배한다

    중국은 타국에 미치는 영향력을 점차 강화하고 있다. 그 하나의 일환으로 펼쳐지는 것이 소위 '일대일로'와 '진주 목걸이 전략'이다. 육상과 해상 활로를 뚫으며 동남아시아, 아프리카에 거대한 인프라 투자를 진행하고 있다. 현재 아프리카 수상들은 미국보다 중국을 더 신뢰한다. 미국의 역대 대통령들은 과거 20년간 아프리카를 서너 번밖에 방문하지 않았다. 그러나 중국은 아프리카 수상들을 베이징으로 초대해 대규모 국제회의를 개최한다. 그들은 기분 좋게 회의에 참석해 중국으로부터 융숭한 대접을 받고 중국과의 관계를 굳건히 다진다.

러시아의 시베리아 지역에도 중국인이 밀어닥쳤다. 천연자원이 풍부한 시베리아가 과거 중국의 영토였던 점을 기억하고 있을 것이다. 머지않아 많은 중국인이 시베리아를 점유해 실질적으로 그곳을 소유할지도 모른다.

단, 중국이 타국에 영향력을 강화한다고 해도 그것은 평화적인 방식으로 이루어질 것이다. 역사적으로 볼 때 중국은 비교적 평화주의를 견지했으며, 근린국들과 무력으로 다투는 일이 없었다.

과거 영국은 '우리 말을 따르라', '우리가 모든 것을 소유한다'라는 식으로 아프리카를 지배했다. 미국도 마찬가지였다. 하지만 중국은 달랐다. 중국은 아프리카에 돈을 주고 '이것은 당신들의 돈이니 편안하게 쓰셔도 됩니다'라는 태도를 보였다. 중국은 영토를 둘러싸고 전쟁을 반복해온 유럽과는 다른 방법으로 패권국이 될 것이다. 현재 미국이 캐나다 같은 근린국을 실질적으로 지배하는 것에서도 알 수 있듯, 패권국이 존재할 때 근린국은 지배당하기 마련이다.

다음 패권국은 중국이다. 그 사실을 아는 사람은 나뿐만이 아니다. 자녀에게 중국어를 배우게 하는 부모가 꽤 많다는 것이 그 증거다. 한국과 북한, 일본은 당연히 중국의 근린국이다. 앞으로 중국은 세 나라에 점점 더 큰 영향력을 미치려 할 것이다.

　물론 한국과 북한, 일본이 당장 중국의 지배를 받을 것 같지는 않다. 아직까지는 미래를 걱정하면서 한시바삐 빠져나가야 할 상황은 아니다. 하지만 패권국에 의한 지배는 역사적 사실이라는 점을 반드시 기억할 필요가 있다.

김정은의 스키 리조트 건설은 무엇을 의미할까

일본인은 듣기 싫겠지만 한국은 일본보다 성공할 가능성이 크다. 그 이유는 북한이다. 먼저 북한의 상태부터 살펴보자.

현재 북한의 경제 상황은 세계 최하위 수준이다. 하지만 얼마 안 가 상황이 변할 것이다. 나는 2007년에 처음 북한을 방문했다. 김정은의 아버지인 김정일이 살아 있을 때였고, 북한은 엄격히 통제되고 대단히 폐쇄적이었다.

아내 그리고 가이드와 함께 거리를 걷다 한 이발소에 들어갔을 때의 일이 생각난다. 내가 이발을 하고 싶다고 했더니 이발사와 가이드는 충격을 받은 표정으로 "그건 안 됩니다", "이발은 여행 일정에 없습니다", "허가를 받지 못했습니다"라는 말만 되풀이했다. 정 이발을 하고 싶으면 묵고 있는 호텔에 외국인 이발을 허가받은 이발사가 있으니 그를 찾아가라고 했다.

역사를 살펴보면 과거의 중국도 그랬다. 하지만 1978년, 중국 공산당 중앙위원회의 전체회의에서 경제 개혁 개방 정책이 결정되었다. 그 후 단단히 닫혀 있던 중국이 외부에 문을 열었다. 그 뒤 어떻게 되었는지는 누구나 알고 있을 것이다. 급속한 경제 성장이 이루어졌다. 이와 같은 일이 북한에도 일어날 수 있다.

바보 같은 생각이라고? 2016년에 도쿄에서 강연을 한 적이 있다. 그때 나는 이렇게 말했다.

"앞으로 북한이 세계 무대에 등장할 것이다."

하지만 일본인들은 북한이 성공할 것이라고는 조금도 생각하지 않는 듯했다. 물론 요즘 접하는 뉴스를 보면 북한에는 미래가 없다고 생각할 수도 있다. 선진국의 경제 제재가 이어지고, 언론 매체는 가난한 북한인들의 모습만 내보내고 있으니 말이다.

하지만 나는 분명 변화가 일어나고 있다고 생각했다. 가장 처음 변화를 느낀 것은 새로운 지도자인 김정은이 2013년에 국제 스키 리조트인 마식령 스키장을 건설했을 때다. 겨울에는 스키, 여름에는 등산을 즐기기 위해 세계 각국의 관광객이 그곳을 찾는다. 몇 년 전까지만 해도 상상할 수 없는 일이었다.

스키 리조트 건설 소식을 들은 나는 '그러고 보니 김정은은 스위스에서 유학했지'라는 생각이 퍼뜩 들었다. 사람들에게 스위스와 북한 중 어디에서 살고 싶은지 묻는다면 모든 사람이 당연히 스위스를 선택할 것이다. 하지만 김정은은 태생적으로 조국을 버릴 수가 없다. 아무리 바란들 스위스로 돌아갈 수 없다. 자신이 경험한 선진적 생활을 다시 누리고 싶다면 조국을 바꾸어야 한다. 마찬가지로 북한의 장관들도 젊었을 때 베이징이나 상하이, 모스크바 등의 도시에서 생활한 경험이 있다. 그런 경험을 한 사람들은 시대에 뒤떨어진 북한이 안타까워 한숨을 내쉴 것이다.

바깥세상을 경험한 사람들이 나라의 윗자리에 앉아 있다. 이는 긍정적인 변혁을 일으킬 원동력이 될 것이다. 스키 리조트 건설이라는 작은 변화를 시작한 김정은은 그 후 북한에 여러 가지 변화를 시도했고, 시도하고 있다. 15개의 자유무역지역, 자전거 여행과 영화 투어, 해외에서도 참가 신청을 받은 평양 마라톤 등이 모두 김정은의 시대에 이루어진 것이다.

부친인 김정일이나 조부인 김일성이 살아 있다면 당장 김정은을 처형해도 이상하지 않을 정도의 극적인 변화가 지금 북한에서 일어나고 있다.

북한, 변화의 바람이 분다

　공산주의가 북한을 망쳤지만, 원래 북한은 자원이 풍부하고 한국보다 잘사는 국가였다. 1970년대부터 서서히 한국과 격차가 벌어지더니, 지금은 경제력에서 저만큼 뒤에 가 있다. 하지만 경제를 개방한다면 풍부한 지하자원과 근면한 인적 자원을 활용해 다시 풍요로운 나라가 될 수 있다.

　북한인들은 자녀 교육에 열정적이고, 근면하게 일하며, 저축도 잘한다. 국민성을 보면 중국과 마찬가지로 성공할 조건을 갖추었다. 북한에 갔을 때 그들이 일하는 모습을 보고 정말 깜짝 놀랐다. 싱가포르나 중국에서 자본주의와 주식시장을 접하고 있는 북한인들도 장차 조국의 경제 성장에 이바지할 것이다.

2019년 2월, 내가 김정은의 초청을 받아 북한을 방문한다는 뉴스가 한국의 신문 1면에 실렸다. 하지만 이는 가짜 뉴스였다. 나는 그 소식을 듣고 엄청나게 놀랐다. 〈월스트리트저널〉의 캘리포니아 지국에서 전화로 문의가 와 그 사실을 알게 되었다. 나는 그날 온종일 전화에 시달려야 했다. 한국대사관 직원까지 찾아와 어떻게 된 일인지 설명해 달라고 했다. 영문을 알지 못해 정말 난처했다. 두 차례 북한을 방문한 적이 있지만 북한 정부의 초청을 받아서 간 적은 없었다. 지금은 미국인이 북한을 방문할 수 없지만 예전에는 가능했기 때문에 개인적인 판단으로 갔을 뿐이다.

내가 북한을 방문한 목적은 그곳에서 어떤 일이 일어나고 있는지 두 눈으로 직접 확인하기 위해서였다. 한국, 일본, 미국 정부와 언론 매체에 따르면 북한에는 굶주린 사람이 누더기 차림으로 비참하게 살고 있다고 했다. 나는 진위를 확인하고 싶었다. 하지만 실제로 본 북한인들은 활기가 넘쳤다. 거리에는 상점들이 늘어서 있었고, 전 세계의 주류와 최첨단 전자 기기가 판매되고 있었다. 먹을거리도 많았다. 굶어 죽어가는 사람은 보이지 않았다. 밤 문화도 매우 다양했다. 보도와는 전혀 달랐다.

북한을 방문한 또 다른 목적은 러시아와의 국경에 인접한 곳에 있는 부동항 라진을 보기 위해서였다. 공산주의자들은 수십 년간 이 항구를 내버려두었지만 나는 아시아 북부에 위치한 부동항에 큰 가능성을 느꼈다. 그래서 김정은의 등장을 계기로 현지에 일어나는 변화를 파악하기 위해 라진을 방문했다. 이 항구에 러시아와 중국이 부두를 갖고 있다는 정보를 입수한 것도 북한에 가게 된 이유다.

북한에 머무는 동안 의류 공장을 운영하고 있는 한 여성을 만났다. 그녀는 5년 전까지만 해도 5개의 공장을 보유했지만, 지금은 15개를 운영하고 있다고 했다. 함께 일하고 싶다는 생각이 들 정도로 에너지가 충만했다. 거래처가 어디냐고 물었더니 '한국'이라는 대답이 돌아왔다. '북한은 경제 제재로 한국과 거래가 금지되어 있을 텐데……'라는 의문이 들어 다시 한 번 물어보았지만 대답은 같았다.

자세히 대화를 나눈 뒤에야 내막을 알 수 있었다. 한국과 북한 사이에는 중국이 있었다. 그녀는 중국에서 주문이 들어오면 제품을 중국으로 보낸다. 그러면 그것은 '메이드 인 차이나' 제품으로 한국에 팔린다. 표면상으로는 한국과 중국의 거래이지만 실제로는 한국과 북한의 거래인 셈이다. 이렇게 하면 중국에 일부 마진이 빠지긴 하지만, 그녀도 대금을 받을 수 있어 그 돈으로 부를 쌓고 공장을 늘릴 수 있었던 것이다.

이런 거래는 의류품에 국한되지 않는다. 북한은 어업이 발달했다. 나는 북한의 한 수산물 가공 공장에서도 한국과 거래를 한다는 이야기를 들었다. 역시 가운데에 중국이 있었다. 여러 사람과 대화를 나누면서 내 생각과 주장이 틀리지 않았음을 확인할 수 있었다. 북한은 이제 예전의 북한이 아니다.

나라가 변화할 때는 머리 좋은 사람들이 등장한다. 이 역시 역사에서 확인할 수 있다. 통찰력과 열정이 넘치는 사람들은 그 나라에 긍정적인 변화를 일으킨다. 내가 북한에서 만난 사람들도 그랬다. 소련이 붕괴했을 때 머리 좋은 사람들이 기회를 거머쥐고 재산을 쌓은 일을 기억하는가. 북한에서도 가까운 미래에 같은 일이 일어날 것이다.

수십 년간 침묵하던 공산국가가 이 정도로 급진적인 변화를 이룬 최대 요인은 말할 것도 없이 김정은이라는 존재의 등장이다. 북한은 젊은 지도자가 일으키는 새로운 바람과 근면한 국민성이 어우러져 대단히 자극적인 나라가 될 것이다.

한국은 북한과 함께 부흥한다

국제 무대에서 한국은 일본과 중국만큼 중요한 나라가 아니었다. 그래서 나도 한국 역사를 잘 알지 못했다. 하지만 북한이 변화의 징조를 보이고 있으니 생각을 다시 해야 할 듯하다. 《세계에서 가장 자극적인 나라》에서 이야기했지만, 여기서도 다시 한 번 살펴보도록 하겠다.

한국은 일본과 같은 문제를 안고 있다. 출산율이 낮고, 고령화가 진행되고 있으며 외국인에 대해 보수적인 성향을 가지고 있다.

하지만 한반도의 남북통일이 실현되면 한국의 문제점은 거의 해결될 것이다. 그리고 한국은 투자 가치가 있는 나라로 변모할 것이다.

북한에는 젊은 여성이 많고, 아이를 낳는 것을 주저하지 않는다. 일본, 한국과 달리 북한에서는 출산과 육아에 대한 의식이 옛날과 크게 달라지지 않았기 때문이다. 일본, 대만, 싱가포르 등 저출산에 직면한 근린국에 비하면 한국은 북한 여성들로 인해 상황이 개선될 여지가 많다.

한국은 저출산뿐 아니라 여성이 수적으로 부족하다는 문제도 있다. 과거 한국에서는 태아가 여자아이면 중절 수술을 받기도 했다. 지금은 그렇지 않지만 오랫동안 남아를 선호한 결과, 인구 구조가 불균형적이다. 〈조선일보〉에 따르면 2028~2033년의 한국인 남녀 성비는 약 120대 100이 될 것이라고 한다. 이것은 심각한 사회 문제가 될 수 있지만, 남북통일이 되면 이 문제는 극적으로 해결될 것이다.

아시아의 대국인 중국과 일본은 저출산 문제를 해결할 호재가 눈에 띄지 않는다. 중국은 한 자녀 정책의 영향이 남아 있으며, 일본은 저출산 고령화 문제에 관해 세계 선두를 달리고 있지만 근본적인 해결책을 내놓지 못하고 있다. 이 두 나라와 달리 한국에는 해결책이 있는 것이다.

한국이 일본보다 성장할 것이라고 생각하는 또 다른 이유는 일본인보다 한국인의 기질이 좀 더 개방적이기 때문이다. 한국인은 일본인보다 변화에 대한 거부감이 적고, 현실에 당면한 과제를 주체적으로 해결하려는 의욕을 보인다.

내가 이렇게 말할 수 있는 것은 많은 농업 종사자가 신붓감을 찾기 위해 베트남으로 간다는 이야기를 들었기 때문이다. 여성이 적은 자신의 나라에서는 결혼 상대자를 찾을 수 없으니 외국으로 나가는 것이다. 일본에도 국내에서 결혼 상대를 찾지 못하는 남성이 적지 않다. 하지만 외국인 신부를 얻느니 평생 혼자서 살겠다고 생각하는 사람이 더 많다.

주가 지수가 계속 하락하는 상황을 보고 한국 경제의 앞날이 어둡다고 전망하는 투자가도 많다. 2018년에 한국 GDP의 10퍼센트 이상을 점유하고 있는 삼성 주식이 크게 떨어져 '삼성 쇼크'라고 떠들어댄 일을 나도 잘 알고 있다. 그럼에도 나는 한국 경제에 기대를 걸고 있다. 세계 경제가 속도감을 잃은 상태이고, 삼성 주가가 단기적으로 하락했다고 해서 한국 경제가 앞으로도 부진할 것이라고 생각하지 않는다.

다른 나라보다 한국의 장래가 더 밝다고 생각하는 이유는 북한이라는 개척자 때문이다. 남북통일이 이루어지면 삼성은 물론, 한국 경제 전체에 순풍이 불 것이다.

남북통일은 엄청난
비즈니스 기회다

    북한과 한국은 머지않아 통일될 것이다. 2019년 들어 이루어진 두 번째 북미 정상회담이 결렬된 것을 보고 북한이 다시 문을 걸어 잠글 것이라고 생각하는 사람도 있지만, 변혁이 찾아오기까지의 시간이 조금 연장되었을 뿐이다.

    남북통일을 이루는 데 몇 가지 걸림돌이 있는 것은 사실이다. 우선, 막대한 자금이 든다. 하지만 이 점은 북한과 한국이 군비 지출을 삭감할 여지가 꽤 있으니 문제가 되지 않는다. 덧붙여 한반도 주변에는 경제적으로 풍요로운 나라가 많아 타국의 투자도 기대할 수 있다.

걸림돌은 미국이다. 나는 외부 환경이 갖춰지면 북한은 언제든 개방될 것이라 생각하지만, 미국이 한국에 주재시킨 3만 명의 군대를 철수하지 않는다면 상당한 시간이 걸릴 것으로 본다. 이 경우, 단계적 경제 개방을 하는 것이 현실적이다.

경제 개방이 실현되면 가장 먼저 관광업이 활성화될 것이다. 사람들은 70년간 폐쇄된 나라가 어떤 곳인지 궁금해 한다. 북한이 개방되면 전 세계 사람들이 몰려들 것이다.

남북통일이 되면 해외 투자뿐 아니라 국내 투자도 활발해질 것이다. 북한에 투자할 자금력이 있는 한국 재벌들은 더욱 강한 기세로 나아갈 것이다. 한국인들은 북한에, 북한인들은 한국에 흥미를 갖고 있으므로 국내 여행이 증가할 것이다. 나는 그런 미래를 내다보고 대한항공 주식을 샀다.

일본은 경제를 부활시키려면 외국인에 의지할 수밖에 없다. 하지만 한국은 국내 소비에도 기대할 수 있다. 이것이 두 나라의 커다란 차이점이다. 현재 20대인 일본인이 자국에서 성공을 거두는 것은 어려울 수도 있지만, 남북통일이 된 후에는 한국에서 창업을 하면 상당한 부를 쌓을 수 있다.

한반도의 부동산도 상승할 가능성이 있다. 나는 잠깐이었지만 서울에서 토지를 매입할지를 고민했다. 서울을 위아래로 나누며 흐르는 한강의 북쪽 땅이 남쪽 땅보다 상당히 저렴했기 때문이다.

한강의 북쪽에는 전쟁 가능성에 대한 우려가 늘 존재한다. 북한과 한국 간에 전쟁이 일어나면 한강의 북쪽까지 순식간에 북한이 침공해올지도 모른다며 두려워하는 사람이 많다. 그래서 한국의 북쪽 땅은 남쪽 땅보다 훨씬 싸다.

하지만 남북통일이 되면 한강 북쪽 지가를 누르고 있던 큰 이유가 해소된다. 그러면 틀림없이 북쪽 땅이 급등할 것이다. 나는 부동산 투자가가 아니므로 결국 토지를 매입하진 않았지만, 가능하다면 한강 북쪽의 저렴한 땅을 살 수 있을 때 사둬야 한다. 그것만으로도 엄청난 부자가 될 수 있다.

일본과 중국이 이대로인 경우, 5년 뒤 아시아에서 가장 행복한 나라는 한반도의 통일국가가 될 것이다. 장기적으로 생각하면 인구 규모 때문에 중국이 더 발전하겠지만 중기적으로 생각하면 한반도의 번영은 기정사실이다.

중국 다음의 브릭스
기대주는 러시아

　급속한 경제 성장을 이룬다는 점에서 브릭스(BRICs, 브라질, 러시아, 인도, 중국의 영문 첫 글자를 딴 신조어로, 신흥 대국으로 성장할 것이라 전망하는 4개국을 일컫는 말-옮긴이)를 주목하는 사람도 있을 것이다. 중국은 앞서 설명했으니 여기에서는 나머지 나라들을 살펴보자.

　먼저 브라질이다. 브라질인들은 다음에 대국이 되는 것은 브라질이라고 하면서 예전부터 같은 말을 되풀이해왔다.

　"브라질은 신의 은총을 받은 나라다."

그러나 브라질은 제품의 급락 폭이 너무 크다. 시세가 급등할 때는 훌륭한 나라이지만 하락할 때는 군사정권 쿠데타가 일어나 모든 것이 붕괴된다. 그들은 부채를 늘려 골치 아픈 사태를 만든 다. 일본인에게 일본계가 많이 사는 브라질은 살기 좋은 곳일 수 도 있지만 투자처로서는 매력적이지 않다.

인도는 여행을 가기에는 좋은 나라다. 만약 평생 딱 한 나라만 여행할 수 있다면 나는 인도를 선택할 것이다. 건물과 조각상, 자 연은 눈이 휘둥그레질 만큼 멋지며, 인도 여성은 미인대회에서 수 차례 우승했을 정도로 아름답다. 또 거리를 걸으면 맛있는 음식 냄새에 기분이 좋아진다.

하지만 인도는 세계에서 가장 심한 관료제도를 가지고 있다. 그 들은 영국에서 관료제도를 배워와 극단적으로 개악(改惡)했다. 이 민족으로 구성된 다수의 작은 나라가 모여 만들어졌다는 점도 발 전을 저해하는 요소다. 인구의 90퍼센트 이상이 한민족인 중국과 달리 인도에서는 같은 국민이지만 같은 언어를 읽고 쓸 수 없다.

나에게 브라질, 인도, 러시아 중에서 투자처를 한 곳만 고르라 고 한다면, 나는 이러한 실정을 고려해 러시아를 선택할 것이다. 원래는 러시아를 최악의 투자처라고 생각했지만, 최근에 생각이 바뀌었다.

내가 1966년에 처음 구소련을 방문을 때는 융통성이 없는 경찰국가 체제였고, 반(反)자본주의 국가라는 인상밖에 없었다. '이런 사회가 제 기능을 할 수 있을까?'라는 생각만 머릿속에 맴돌았다.

1991년에 소련이 붕괴되고 러시아가 된 뒤에도 러시아 주식이나 채권을 투자 대상으로 생각하지 않았다. 당시 러시아는 공산주의 시대에 세운 공장과 인프라를 수리도 하지 않고 사용하여 여전히 생산성이 낮았다. 근대화 노선을 추진해 자본을 효율적으로 사용하려고 노력한 당시의 중국과는 대조적이었다.

또 내가 모스크바에 있을 때 근처에서 폭탄이 터지는 소리를 듣고 지금이 국가적 위기 상황이라는 것을 몸소 느낀 것도 러시아를 투자 대상에서 제외하는 데 한몫했다.

이런 경험으로 인해 나는 약 50년간 러시아를 투자처로 전혀 고려하지 않았다. 하지만 최근에 러시아를 약간 낙관적으로 보게 되었다. 실제로 몇몇 러시아 기업에 투자했고, 임원으로 취임한 기업도 있다.

내가 생각을 다시 하게 된 계기는 2015년에 러시아가 블라디보스토크에서 '동방경제포럼'이라는 국제경제회의를 개최해 공동 기금을 설립했기 때문이다. 러시아는 1997년 이래, 매년 상트페테르부르크에서 국내 최대 규모의 국제경제회의를 개최해왔는데, 블라디보스토크에서 새롭게 동방경제포럼을 연 것이다. 목적은 러시아 극동 지역 개발이었다. 그 후 푸틴 대통령이 몸소 지휘권을 잡고 막대한 자금을 러시아 극동 지역 개발에 투입했다. 나도 2018년에 포럼에 참석했는데, 그때도 푸틴의 모습이 보였다.

러시아에서 공동 기금이 설립되었다는 것은 근본적인 변화가 일어나고 있다는 증거다. 공동 기금 시스템을 쉽게 설명하면, '당신이 수익을 내면 나도 수익을 낸다. 당신이 손해를 보면 나도 손해를 본다'라는 것이다. 당연한 듯이 들리겠지만 러시아에서 공동 기금이 설립되었다는 점이 획기적이다. 외국계 기업의 자산을 몰수했던 예전의 러시아와는 전혀 다른 방침이기 때문이다.

아마도 러시아 정부 내에서 어떠한 변화가 일어났을 것이다. 낡은 규칙을 고수하다가는 세상에서 살아남을 수 없다는 점을 이해하지 않았을까. 앞으로 러시아 극동 지역에 전 세계의 자금이 모이면 블라디보스토크는 세계에서 가장 매력적인 도시 중 하나가 될 것이다.

덧붙여, 러시아의 극동 지역과 중국과의 북경 부근인 시베리아 지방에 중국의 자본과 사람들이 유입되고 있다. 아마도 푸틴은 그렇게 되리라 예측했을 것이다. 초대국이 될 중국이 진출해주면 러시아 극동 지역은 더욱 발전할 테니 말이다.

미국의 경제 제재가
러시아의 농업 발전을 촉진한다

예전에 내가 러시아를 오토바이로 횡단했을 때는 도로가 거의 없었지만 지금은 곳곳에 고속도로와 다리가 놓여 있다. 이것은 푸틴 시대에 만들어졌다.

모스크바 공항에서도 변화의 바람을 느낄 수 있다. 모스크바 공항에는 중국인이 넘쳐난다. 5년 전만 해도 중국인이 한 명도 보이지 않는데, 지금은 공항에도, 붉은 광장에도 중국인이 가득하고, 여기저기에서 중국어가 들린다.

예전에는 사실 러시아에 가기 싫었지만 변화가 한창 진행 중인 지금은 러시아 방문이 즐거운 일이 되었다. 러시아가 변하고 있으니 내 생각도 변할 필요가 있다.

국토가 지나치게 넓어 관리하기 어렵다는 문제가 있는 러시아는 미국이나 중국 같은 대국이 될 가능성은 별로 없다. 하지만 분야에 따라서는 성장을 기대할 수 있다. 나는 러시아의 EFT(ERUS), 아에로플로트 러시아항공 주식과 함께 농업 분야 기업에 중점적으로 투자하고 있다.

내가 러시아 농업에 기대하는 이유 중 하나는 미국이다. 미국이 러시아에 가하는 경제 제재가 역설적으로 러시아 농업을 발전시키고 있기 때문이다. 러시아는 경제 제재로 인해 식료품을 자유롭게 수입할 수 없다. 따라서 작물을 자급자족해야 한다. 그 결과, 원래는 미국 등 여러 농업 대국과의 경쟁에 노출되어야 하지만 러시아는 그 영향에서 벗어날 수 있었다.

미국은 러시아를 공격하고 있다고 생각하겠지만 경제 제재로 농산물 수입이 금지된 동안 러시아의 농가는 글로벌 경쟁에 시달리지 않고 최신 기계를 도입해 규모의 경제를 획득했다. 미국의 경제 제재는 러시아 농가에 선물이나 다름없었다.

미국이 이 사실을 깨닫고 경제 제재를 해제할 때면 러시아 농업은 이미 발전할 만큼 발전해 미국을 능가하는 규모를 자랑할 것이다. 그제야 미국은 '언제 러시아 농업이 이렇게 커졌지?' 하고 의아해할 것이다. 이는 미국이 자초한 일인데도 말이다.

러시아의 문학 작품에는 풍요로운 농가가 많이 등장한다. 역사적으로 봐도 러시아 농업이 발전할 가능성이 있다는 증거다. 러시아에는 농업에 적합한 토양이 풍부하며 오랜 기간 대규모로 영위해온 역사가 있다.

미국이 러시아와 중국 양국에 경제 제재 조치를 하고 있다는 점도 잊어선 안 된다. 이 역시 미국의 중대한 실책이다. 이 경제 제재로 인해 러시아와 중국이 가까워지고 있으며 양국의 발전을 촉진하기 때문이다.

채무가 적은 나라라는 점도 러시아에 유리하게 작용한다. 미국과 일본을 비롯한 많은 나라가 적지 않은 부채를 져 다음 세대에 부담을 주고 있지만 러시아는 그렇지 않다. 아무도 러시아에 돈을 빌려주지 않았기 때문인데, 예전의 중국이 그랬고 지금의 북한이 그렇다.

현재 국채를 사기에 적합한 나라는 러시아밖에 생각나지 않는다. 사실 나는 러시아 단기채를 매수했다.

콜롬비아 경제 성장의 기폭제가 될 대마 비즈니스

앞서 블라디보스토크에 관해 이야기했다. 앞으로 20~30년간 세계에서 가장 자극적인 도시를 꼽아보라고 한다면 나는 콜롬비아의 대도시인 메데인을 꼽을 것이다. 이유는 간단하다. 콜롬비아에서는 의료용 대마(마리화나)가 합법이기 때문이다. 콜롬비아의 대마 비즈니스는 향후 대규모로 발전할 것이라 예상되며, 분명 경제 성장의 기폭제로 작용할 것이다.

대마를 재배하려면 12시간의 낮과 12시간의 밤이 필요하다. 일정한 기온도 필수다. 메데인은 적도 부근에 위치해 있어 밤낮이 딱 반반이다. 산간 지방이어서 기온도 일정하기 때문에 대마를 재배하는 데 최적의 조건을 갖추었다.

대마가 금지되었던 시대의 콜롬비아에는 무시무시한 마약전쟁이 벌어졌다. 불법 약물이 국내에 판을 치고 마약 카르텔에 의해 눈 뜨고 볼 수 없는 폭력 행위도 증가했다. 정부와 게릴라의 대립이 격화되어 경제 발전은 기대할 수조차 없었다. 그것이 콜롬비아라는 나라였다.

내가 세계일주를 하던 중 콜롬비아에 들렀을 때, 수도인 보고타는 반정부 조직에 포위되어 있었고, 사람들은 방호복 차림으로 거리를 다녔다. 그때 나는 '아무리 아름답고 교양 있는 사람들이 산다 해도 그게 무슨 소용이 있나'라고 생각했다. 하지만 그로부터 약 20년에 걸쳐 콜롬비아에서 피비린내 나는 분쟁이 사라졌다. 대마 합법화를 계기로 장차 재배 시설과 판매점이 성장할 것이다.

메데인을 방문했을 때 나는 한 군인과 대화를 나눌 수 있었다. 그는 마리화나 농가가는 새로운 인생의 출발선 앞에 서서 희망에 가득 차 있었다. 예전에는 대마 거래를 하는 무리를 체포하거나 처형해야 했지만 이제 그런 일에 시간을 낭비할 필요가 없어졌다. 메데인 사람들은 흥분한 모습이었다. 대마 합법화는 콜롬비아에 긍정적인 영향을 가져올 것이다.

변화의 촉매를 찾아라

지금까지 내 눈에 비친 세계의 변화상을 이야기했다. 마지막으로 변화를 통찰하는 방법을 설명할까 한다.

나의 투자 방법은 큰 변화를 파악하고, 주요 거시경제지표에 기초해 충실하게 대응하는 것이다. 즉 변화를 통찰하는 것은 내게 일종의 습관이며, 투자가로서 항상 해온 행동이다. 큰 변화란 3년 주기가 아닌, 10년에 한 번 또는 100년에 한 번 일어나는 변화를 말한다. 그런 변화를 어떻게 만나겠냐고 생각하겠지만, 나는 꽤 여러 번 만났다. '촉매'를 감지하기 위해 노력했기 때문이다.

　무언가가 변화할 때는 반드시 촉매가 존재한다. 가령 수억 달러에 달하는 정부 보조금이 촉매가 될 수 있다. 그 정도 규모의 보조금은 일반인들에게는 별 영향이 없지만, 해당 업계의 기업에는 강력한 바람이 되어줄 수 있다. 여기에 투자 기회가 있는 것이다.

　지금까지 이 책에서 언급한 나라에서도 다양한 요소가 촉매가 되어 변화가 일어나고 있다. 트럼프 정권에 의한 미국의 보호주의 강화, 김정은의 등장에 의한 한반도의 남북통일 분위기 고조, 러시아의 푸틴에 의한 극동 지역 개발 등.

　또 큰 변화를 파악하려면 작은 변화를 눈여겨봐야 한다. 김정은이 스키 리조트를 건설했다는 뉴스는 미사일 발사 뉴스보다 비중이 낮게 다루어졌다. 대부분의 언론인이 작은 변화에 지나지 않는다고 경시했기 때문이다. 하지만 나는 미사일 발사보다 스키 리조트 건설이 더 중요한 변화라고 생각한다. 얼마나 크게 보도되느냐는 그다지 중요하지 않다. 오히려 신문 한 구석에 게재된 작은 변화가 더 중요한 경우가 적지 않다.

　작은 변화를 알아차렸다면 그 변화의 배경을 탐색하자. 그리고 그 작은 변화가 차곡차곡 쌓여 큰 추세가 되면 어떤 변화가 찾아올지 상상해보자. 미래 예측이 적중할 확률은 작은 변화를 얼마나 잘 알아차렸느냐에 달려 있다.

변화로 인해 좋은 것도 있지만 그렇지 않은 것도 있다는 점도 기억하자. 미국의 경우, 트럼프 정권의 탄생이 촉매가 되었으며 두말할 것 없이 큰 변화를 일으켰지만, 그것은 보호주의 강화라는 형태로 미국에 나쁜 결과를 가져오려 한다. 일본의 경우, 저출산과 아베노믹스가 촉매가 되었으며 일본을 더욱 어려운 상황으로 이끌고 있다.

한편 러시아는 푸틴이 촉매가 되어 투자처로서 형편없던 러시아에 변화의 바람을 일으키고 있다. 아직은 작은 변화지만 수십 년 뒤에 생길 큰 변화의 전조가 이미 보인다고 생각해도 될 것이다. 오랫동안 혼란 상태였던 콜롬비아에도 대마 합법화라는 촉매가 변화를 일으키려 한다.

이런 변화의 촉매를 파악해 역사상 지금까지 일어난 변화와 대조해보면 미래를 예측할 수 있다. 그리고 변화 속에 긍정적인 움직임이 있는지 주의 깊게 분석하면 지금보다 더 풍요로운 인생을 살 수 있다.

짐로저스의
일본에
보내는경고

4

가족과 돈을 지키기 위한
9가지 성공 법칙

■

돈에 집착하지 말라고 말했지만 10대들은 반드시
돈과 일에 대해 알아둘 필요가 있다.
그 분야에 문외한으로 살다가 대학을 졸업하고
사회에 나가서야 배우려는 사람도 있지만 그때는 너무 늦다.
돈의 기본을 이해하지 못한 탓에 많은 인생이 파멸을 맞았다.
세상 사람들은 돈을 그저 소비 수단으로 생각한다.
그래서 쓸데없이 돈을 쓰거나 빚을 진다.
아무 계획 없이 돈을 써 가계가 파탄 난 가정이
얼마나 많은지 모른다.

■

다른 사람의 말대로 하지 마라

　나는 다른 사람의 말을 들을 때마다 반드시 손해를 보았다. 그렇다고 해서 타인과의 대화에서 배울 점이 없다는 말은 아니다. 다른 사람의 말을 귀담아듣는 것은 매우 중요하지만, 그대로 믿고 받아들이는 태도는 지양해야 한다.

　누구나 믿는 사회 통념이 있는 경우, 사람은 별생각 없이 그대로 받아들이고 그대로 행동한다. 이제부터라도 잠시 멈춘 뒤 스스로 생각해보자. 만약 사람들이 입을 모아 "하늘이 파랗네"라고 이야기했다면 직접 창문을 열어 확인해보아야 한다. 하지만 대부분의 사람은 '저 사람이 하늘이 파랗다고 했으니 그렇겠지' 하고 그냥 넘어간다. 그래서 실패하는 것이다. 설령 하늘이 정말 파랗다 해도 그것을 직접 확인하는 사람은 그렇지 않은 사람보다 성공할 확률이 크다.

잠시 1970년대의 이야기를 해볼까 한다. 당시 유가는 1배럴당 3달러로, 아무도 눈길을 주지 않았다. 모두 '원유에 투자하는 건 바보 같은 짓이야'라고 생각했다. 하지만 나는 적극적으로 원유에 투자했다.

주변 사람들은 "지금 제정신이야?"라고 말하며 나를 뜯어말렸지만, 나는 그들의 말을 듣지 않았다. 모든 것을 직접 조사한 뒤 내린 결정이었기 때문이다. 주변 사람들은 내 말을 듣고도 사실 여부를 확인하려 하지 않았다. 그 뒤 유가는 내 예상대로 급등했다.

당시 원유 시장을 조사했을 때, 원유는 수요에 비해 공급이 부족한 상태였다. 그렇다면 가격은 당연히 오르게 되어 있다. 수요가 증가하면 가격은 상승하고, 공급이 증가하면 가격은 하락한다. 대학교 1학년 경제학 교과서에 나오는 단순한 법칙을 따랐을 뿐인데, 크게 수익을 낸 것이다. 만약 그때 다른 사람의 말만 듣고 원유를 황급히 팔아버렸다면 오히려 손해를 보았을 것이다.

1980년대에도 나는 유가가 상승할 것이라는 결론을 내렸다. 세상은 내 의견과 다르게 유가 하락을 예상했다. 이때도 내 예상은 적중했다. 그러자 원유를 부정적으로 바라보았던 무리들까지 "원유에 투자하라!"라고 떠들기 시작했다. 나는 그때 원유를 팔았다. 원유 시장이 과열되어 곧 하락할 것이라 예상했기 때문이다. 그 결과, 나는 다시 한 번 큰 이익을 낼 수 있었다.

의문을 품어라. 성공하고 싶다면 최종 판단을 내릴 때 다른 사람의 말을 들어선 안 된다. 지금까지 살면서 세상에 통용되는 견해나 통념이 실은 잘못된 것임을 수차례 목격했다. 나는 모두가 '아주 좋은 투자처'라고 입을 모아 말한 기업이 아닌, 모두가 외면한 곳에 투자했기에 성공할 수 있었다.

많은 사람이 "주식을 사야겠어", "데이트레이더(주가 움직임만을 보고 차익을 노리는 주식 투자가 - 옮긴이)가 되고 싶어"라고 말하면 주식시장이 과열되었다는 증거다. 그럴 때 주식을 사면 절대 큰돈을 벌 수 없다. 자신이 직접 제대로 사실관계를 확인해 판단하는 자세가 몸에 배지 않으면 어쩌다 성공할 수는 있어도 그 성공이 길게 가지는 못한다.

내가 X라는 주식을 10원에 사라고 말했고, 당신은 내 말을 듣고 주식을 샀다고 가정하자. 그 주식이 20원으로 오르면 당신은 "짐 로저스의 말이 맞았어"라고는 절대 말하지 않고, 자신이 얼마나 영리한지 주변 사람들에게 자랑할 것이다. 하지만 그런 다음에는 어떻게 해야 할지 몰라 당황할 것이다. 자신의 생각과 선택이 아니었기 때문이다. 그 주식을 추가 매수해야 할까, 아니면 매도해야 할까? 결국에는 잘못된 판단을 내려 이익을 잃을 것이다. 그 주식을 매입한 정확한 이유가 없었으니 그렇게 되는 것이 당연하다.

반대로 내 조언이 빗나갔다면 어떻게 될까? 내가 10원에 사라고 조언한 주식을 매수했는데 5원으로 떨어졌다면 말이다. 분명 "짐 로저스는 멍청이야!"라고 말하며 나를 헐뜯을 것이다. 그리고 그 주식을 어떻게 처리해야 할지 몰라 멍하니 있을 것이다. '짐 로저스는 멍청이'라는 것만 알지 주식을 어떻게 해야 하는지는 모르기 때문이다.

투자에 성공하기 위해 중시해야 할 것은 다음 장에서 자세히 살펴볼 것이다. '짐 로저스가 이렇게 말했다', 이것만으로는 절대 성공할 수 없다. 다른 사람이 하는 말을 무턱대고 받아들이지 말고 스스로 생각해야 한다. 투자뿐 아니라 모든 면에서 반드시 이 점을 기억해야 한다.

고향에 안주하지 마라

나는 두 딸에게 되도록 집에서 멀리 떨어진 대학에 가라고 말한다. 그래야 나를 알고, 세상을 알고, 고향의 진정한 모습을 알게 되기 때문이다. 아직 결혼을 하지 않았다면 최소 2년은 고향을 떠나 자기 자신과 세상이 어떤지 공부해보자. 고향에 머물겠다는 생각은 버려야 한다.

앨라배마 주의 시골에서 자란 나는 항상 멀리 떠나고 싶었다. 지금도 기억한다. 열여섯 살이었을 때 나는 여자 친구에게 "다른 곳에 가본 적이 없어"라고 털어놓았다. 그러자 여자 친구는 "난 버밍햄과 모빌에 간 적이 있는데"라고 대답했다. 하지만 그곳들은 앨라배마 주에 있었다. 내가 바란 것은 그런 것이 아니었다. 나는 앨라배마 주를 아무리 열심히 다녀봤자 아무 의미가 없다고 생각했다.

내 말에 티끌만큼이라도 공감한다면 밖으로 나가 아는 사람이 한 명도 없는, 말이 통하지 않는 나라로 떠나라. 모험은 인생을 멋지게 만들어준다.

어떤 사람은 이렇게 말한다.

"나는 우리나라는 잘 알고 있지만 다른 나라에 대해서는 아는 게 없어."

그런 사람은 실은 자기 나라의 절반밖에 모른다. 진정한 의미에서 고국을 알고 싶다면 일단 그 나라를 떠나야 한다. 멀면 멀수록 좋다. 그런데 앞서 이야기했듯 안타깝게도 일본인은 기질이 내향적이다. 여권 취득 건수만 봐도 알 수 있다.

한 통계에 따르면 2017년 일본의 여권 보유율은 22.8퍼센트에 그쳤다. 한국이 61퍼센트, 미국이 42퍼센트인 점을 생각하면 일본이 얼마나 저조한지 알 수 있다. 심지어 일본은 여권만 가지고 있으면 비자 없이 입국할 수 있는 국가가 190개국에 달한다. 세계 최상위권이다. 외국에 가기 쉬운 환경인데도 그 점을 전혀 살리지 못하고 있다니, 안타까울 따름이다.

이러한 상황은 몇 년 동안 변함이 없다. 역사를 돌아보면 일본은 외향적인 시대가 존재했다. 그래서 일본인은 크게 성공할 수 있었다.

일본에서는 일류 이탈리아 요리를 먹을 수 있다. 이는 세계 요리를 접하고, 일류 이탈리아 요리가 어떤 것인지 배웠기 때문이다. 만약 일본인이 지금처럼 내향적으로 행동한다면 앞으로는 일본에서 이류 이탈리아 요리밖에 먹을 수 없을 것이다. 그렇게 되기 전에 세상을 보고 일류인 요소를 일본에 도입해야 한다.

지금은 옛날보다 훨씬 쉽게 여권과 비자를 발급받을 수 있다. 외국으로 가는 데 꼭 많은 돈이 드는 것도 아니다. 취업, 유학, 여행 등 다양한 길이 열려 있다. 나처럼 자동차나 오토바이를 몰고 세계일주를 하라고 하진 않겠다. 하지만 나는 당신이 꼭 익숙한 곳을 떠나 미지의 땅에서 지내보길 바란다. 그곳에서 성공을 거머쥘 기회와 마주칠 수도 있으니 말이다.

결혼과 출산을
서두르지 마라

　원래 나는 아이를 절대 낳지 않겠다고 생각했다. 다섯 형제 중 장남으로 태어난 나는 동생들을 돌보는 것이 너무 힘들었다. 그래서 어른이 되면 절대로 육아 같은 쓸데없는 고생을 하지 않겠다고 다짐했다. 아이를 키우려면 많은 돈과 에너지를 쏟아야 한다. 예전의 나는 아이가 있는 사람들이 참 불쌍하게 느껴졌다. '고생을 자초하며 인생을 낭비하고 있네'라는 생각이 머릿속에 맴돌았다.

　지금은 내가 틀렸다는 것을 인정한다. 완전히 잘못된 생각이었다. 나의 두 딸은 하루 종일 함께 있고 싶을 정도로 사랑스럽다. 딸들이 태어난 뒤 더욱 행복해졌고, 매일매일 인생의 기쁨을 느끼고 있다.

하지만 어린 나이에 결혼과 출산을 하는 것은 반대다. 나는 딸들에게 "스물여덟 살 전에는 절대 결혼하지 마라"라고 귀가 닳도록 말한다. "혹시 그 전에 결혼하겠다고 하면 방 안에 가둬놓을 거야"라고 농담을 하기도 한다.

너무 이른 나이에는 자신에 대해서도, 세상에 대해서도 잘 모른다. 자신이 어떤 인생을 살고 싶고, 어떤 배우자를 만나고 싶은지도 명확하게 알지 못한다. 사물의 이치를 알게 될 때까지 결혼을 미루는 것은 인생에서 성공하는 데 매우 중요하다.

사실 나는 가슴 아픈 경험을 했다. 20대에 한 첫 결혼에 크게 실패해 자살을 생각할 정도로 괴로워했다. 자신에 대해 아무것도 모르는 젊은이에게 결혼은 자칫 비극이 될 수도 있다.

내가 첫 아이를 만난 것은 예순이 넘어서였다. 만약 내가 30대에 아이가 생겼다면 아이에게도, 아내에게도, 나 자신에게도 끔찍한 일이 되었을 것이다.

자신의 능력을
과신하지 마라

자신의 능력을 과신하면 그때까지 쌓은 부와 성공이 눈 깜짝할 새에 무너진다. 그러니 아무리 나이를 먹어도 열심히 공부해야 한다. 공부를 하면 내가 얼마나 아는 것이 없는지 절실히 느끼게 된다. 그러면 우쭐하지 않고 겸손한 태도를 유지할 수 있다.

투자에 성공하면 자신이 똑똑해서 그렇다고 생각하기 마련이다. '나는 투자의 천재다'라고 생각하는 사람도 있다. 꼭 투자가 아니더라도 어떤 일에 성공했을 때 대부분의 사람은 본인이 잘해서 그렇게 되었다고 생각한다.

투자가 잘되면 사람들은 더 좋은 투자처가 없을까 생각한다. '지난번에 잘되었으니 이번에는 더 잘되겠지' 하며 말이다. 그런 기분이 들 때는 느긋하게 휴식을 취하는 것이 좋다. 흥분해서 들떠 있을 때는 잘못된 선택을 하기 쉽다. 설령 장래가 유망한 새로운 투자 상품을 찾았다 해도 곧바로 달려들지 말고 마음을 차분하게 하고 기다리기 바란다. 비즈니스도 이것저것 섣불리 손대지 말고 이성적인 상태에서 판단해야 한다.

내가 이렇게 생각하게 된 이유는 과거의 실패에서 배운 교훈 때문이다. 나는 아프리카 남서부에 위치한 나미비아를 여행할 때 아내를 위해 다이아몬드를 구입했다. 다이아몬드 시세를 대충 알고 있어서 '이 다이아몬드는 7만 달러 정도 하겠네'라고 생각하고 있는데, 상인은 500달러만 받겠다고 했다.

그때 나는 '이야, 해냈다! 나는 다이아몬드 투자도 잘하네'라는 생각에 신이 났다. 그런데 며칠 뒤, 탄자니아에서 만난 다이아몬드 상인에게 내가 구입한 다이아몬드를 보여주고 좌절하지 않을 수 없었다. 그는 웃으며 이렇게 말했다.

"이건 그냥 유리알이에요."

500달러나 내고 유리알을 구입하다니! 나는 다이아몬드 시세는 잘 알고 있었지만 그것이 진짜인지 구별하는 능력은 없었다. 그동

안 사람들에게 "자신이 잘 모르는 것에는 절대 투자하지 마라"라고 실컷 잘난 척했으면서 이게 무슨 꼴이란 말인가.

하지만 지금은 그 값비싼 유리알이 진짜가 아니어서 다행이라고 생각한다. 비록 500달러를 잃었지만 돈보다 중요한 것을 얻을 수 있었다. 그것은 바로 '아무것도 하지 않는 것이 옳을 때도 있다'라는 교훈이다.

100년에 한 번 나올까 말까 한 엄청난 성공을 거둔 투자가들도 대부분의 시간을 아무것도 하지 않고 보낸다. 일단 투자하면 10년간은 아무것도 하지 않는다. 그저 세상의 변화를 지켜볼 뿐이다. 그러다 감정에 휩쓸리지 않고 적절한 시점에 행동을 시작한다.

어떤 일이 성공하면 기분이 좋다. 그 기쁨을 느끼지 말라는 말이 아니다. 다만 그 성공은 어쩌다 얻어진 것일 수도 있으며, 실은 성공이 아닐 수도 있다. 따라서 성공의 기쁨을 느낄 때는 그것이 내 능력 때문이라고 자만하지 말아야 한다. 성공한 사람들은 대부분 겸허한 자세로 하루하루를 살아간다.

열정을 무시하지 마라

성공하기 위해 무엇을 중시해야 하냐고 묻는다면 나는 이렇게 대답하겠다.

"자신이 가장 좋아하는 일을 해야 한다."

나는 투자를 좋아하고, 이 세상에 무슨 일이 일어나고 있는지 구석구석 조사하는 것을 좋아하기 때문에 투자가로서 성공할 수 있었다. 서른일곱 살에 이탈리아에 가기 전에는 하루에 15시간씩 일하며 일 분도 허투루 쓸 수 없을 정도로 바빴지만 그럼에도 그 일을 계속할 수 있었던 것은 좋아하는 일이었기 때문이다.

부자가 되기 위해서는 열정을 가지고 있어야 한다. 어떤 일이든 열정을 잃지 않고 계속하면 언젠가 많은 이익을 얻을 수 있다. 하지만 사람들은 자신이 진심으로 열중할 수 있는 것을 찾지 못한다. 부모나 선생님, 친구의 말을 듣고 행동하며 내면의 열정에 귀를 기울이지 않기 때문이다. 성공하고 싶다면 먼저 이런 태도부터 고쳐야 한다.

자신이 하고 싶은 일을 찾는 절대적인 방법은 없다. 무심코 펼친 잡지에서 힌트를 얻을 수도 있다. 처음에는 아주 사소한 것일지도 모른다. 하지만 거기에 열정을 쏟으면 이윽고 구체적인 꿈이 되어 인생의 길을 열어줄 것이다.

그런데 운이 좋아서 좋아하는 일을 발견했다 해도 확신을 갖지 못하고 도중에 포기하는 사람이 상당히 많다. 좋아하는 일을 계속하면 돈이 되지 않는다는 착각에 빠지기 때문이다. 사실은 좋아하지 않는 일을 아무리 열심히 한다 해도 적당한 성공이면 모를까 결코 큰 성공을 거둘 수 없는데 말이다.

만약 당신이 옥스퍼드 대학교에 입학한 뒤 부모님께 "원예가가 되고 싶어요"라고 말한다면 부모님은 "말도 안 되는 소리"라고 일축할 것이다. 교사, 친구 등 주변 사람들 역시 같은 반응일 것이다. 하지만 여기서 물러나면 안 된다.

원예가로 명성을 쌓으면 황궁의 정원을 담당할지도 모르고, 원예용품점을 열어 전국에 체인점을 확장시킨 다음 증권거래소에 상장할지도 모른다. 실제로 열정을 버리지 않고 살아간 사람들은 대성공을 거두었다. 열정에 따라 행동하면 남과 다른 시각을 기를 수 있다. 이는 인생에서 성공하는 데 꼭 필요한 요소다.

그래도 주변의 반대가 무서운가? 괜찮다. 주변 사람들은 근거 없이 제멋대로 말을 내뱉는 것뿐이다. 만약 당신이 원예가로 성공하면 그때까지 반대했던 부모님은 "우리는 네가 이렇게 성공할 줄 알고 있었단다"라고 말할 것이다. 교사는 "학교 교육 덕분에 성공했으니 학교에 기부금을 내는 게 어떨까?"라고 말할지도 모른다. 타인의 의견은 원래 그런 법이다.

내가 월가에서 일하기 시작했을 때도 옥스퍼드 대학교에서 만난 한 교수님은 "왜 주식 따위에 관심을 두는 건가?"라고 물었다. 당시 금융 업계는 침체기였기에 내 판단이 잘못되었다고 생각한 것이다.

나 역시 늘 열정에 따라 행동했던 것은 아니다. 젊었을 때는 다른 사람들과 마찬가지로 혼란스러워한 적도 많았다. 지금은 상상할 수 없는 일이지만 그 당시에는 로스쿨이나 비즈니스스쿨에 갈 생각이었다. 성공을 원하는 사람들이 보통 그런 진로를 선택해 변호사와 같은 커리어를 쌓았기 때문이다. 하지만 다행히도 로스쿨에 가기 전에 내가 진정으로 하고 싶은 일을 발견했다. 주변의 의견을 듣지 않고 내 열정을 믿었다. 그 결과, 지금 나는 매우 행복한 인생을 살고 있다.

자녀의 열정을 존중하라

　　장녀인 해피가 두 돌이 되었을 때 나는 그 아이를 축구 교실에
보냈다. 축구선수로 만들 생각은 아니었지만 축구를 잘하면 좋을
것 같다고 판단했기 때문이다. 그런데 딸아이는 축구 교실에 간
첫날, 교실에서 도망쳤다. 나는 해피에게 더 이상 축구를 제안하
지 않았다.

　　둘째 딸은 남자아이들보다 축구를 더 잘해 이번에야말로 기대
하며 축구 교실에 보냈다. 하지만 그 아이도 그다지 축구를 좋아

하지 않았고, 결국 얼마 지나지 않아 축구 교실을 그만두었다. 지금은 내가 틀렸다는 것을 알겠다. 성공하기 위해서는 열정이 필요하다는 것을 알면서도 아이들의 열정을 존중하지 않았다.

아이가 발전하기를 바란다면 부모가 아이의 길을 정할 것이 아니라 아이가 직접 열정을 갖는 분야를 찾을 수 있도록 도와주어야 한다. 독서를 좋아한다면 읽고 싶어 하는 책을 사주면 되고, 축구를 하고 싶어 한다면 축구 교실에 보내주면 된다. 그래서 나는 두 딸에게 투자 방법을 가르치지 않는다. 아이들이 투자에 관심을 갖고 내게 묻는다면 그때는 기꺼이 가르쳐줄 것이다.

지금 내 딸이 열정을 느끼는 분야는 메이크업이다. 내 가치관으로는 메이크업에 열정을 쏟는 건 상상할 수 없지만 지금은 본인이 하고 싶은 대로 하게 둔다. 딸아이의 열정이 미래에 어떤 형태로 꽃피울지는 아무도 모른다. 세계적인 메이크업 아티스트가 될 수도 있고, 화장품 투자가로 성공할 수도 있다. 아니면 전혀 다른 곳에 열정을 쏟게 될 수도 있다. 앞날을 알 수 없지만 지금은 10대의 열정의 불씨가 꺼지지 않도록 격려하고 밀어주고 싶다.

언젠가 딸이 자신의 꿈을 발견한다면 온 힘을 다해 노력했으면 좋겠다. 행운은 열심히 일하는 사람에게 찾아온다. 성공하고 싶다면 결코 게으름을 피워서는 안 된다. 물론 정말로 열정을 느낀다면 그냥 두어도 열심히 일하게 되어 있다.

돈에 집착하지 마라

사람들이 열정을 갖지 못하는 일을 계속하는 가장 큰 원인은 '좋아하는 일만 하면 돈이 되지 않는다'라는 착각 때문이다. 내가 보장하건대, 좋아하는 일을 선택하고 제대로 그 일을 하면 결국 돈이 따라온다. 당신이 적절한 곳에 있다면 돈은 반드시 당신을 찾아올 것이다.

돈은 나중에 따라오는 법이다. 5라는 보수를 받고 하고 싶은 일을 할 것인가, 아니면 10이라는 보수를 받고 하기 싫은 일을 할 것인가. 그런 선택지가 있다면 망설이지 말고 전자를 택하라.

나라면 일을 선택할 때 연봉을 신경 쓰지 않겠다. 일을 구할 때 연봉이 얼마인지를 최우선으로 고려하면 정말로 중요한 점을 간과하고 매일 하기 싫은 일을 참으며 해야 하는 괴로운 현실을 감내해야 한다. 설령 많은 돈을 벌지 못해도 열정을 쏟을 수 있는 일을 한다는 것만으로도 행복하지 않겠는가. 나는 누군가에게 돈을 받지 않지만 역사와 세상에서 일어나는 일을 조사하는 것에 열정을 쏟고 있다.

당신의 주변에 그런 사람은 없는가? 경제적으로 크게 성공하지는 못했지만 자신의 인생에 행복감을 느끼는 사람 말이다. 그들은 돈으로는 환산할 수 없는 기쁨을 맛보고 있다.

열정이 이끄는 대로 일하면 매일 아침 눈뜨고 일어나 잠자리에 들 때까지 행복한 시간을 보내며 성공을 향해 한 걸음 한 걸음 다가갈 수 있다. 그것은 멋진 인생을 사는 데 가장 중요한 조건이다.

돈에 눈길도 주지 말고 열정에 따라 행동하면 주변 사람들은 괴짜라고 생각할 수도 있다. 그 점이 마음에 걸려 행동하지 못하는 사람도 있겠지만 남이 뭐라고 하든 상관없지 않을까.

나는 나의 두 딸이 괴짜가 되기를 바란다. 고정관념에 사로잡히지 않고 자신의 머리로 생각하는 괴짜야말로 세상에 좋은 변화를 일으킬 수 있다. 스티브 잡스를 비롯해 세상에 혁신을 불러와 대

성공을 거둔 괴짜는 과거에 얼마든지 있었고, 지금도 수많은 괴짜가 세상에 혁신을 일으키고 있다.

다른 사람들에게 "바보 같은 사람"이라는 말을 듣는 것은 대단히 좋은 일이다. "나는 바보가 맞아요"라고 말하면 그만이다. 그러면 바보 같다고 생각해 아무도 주시하지 않는 곳에서 성공을 거머쥘 수 있다.

돈에 대해 끊임없이 공부하라

앞서 돈에 집착하지 말라고 말했지만 10대들은 반드시 돈과 일에 대해 알아둘 필요가 있다. 그 분야에 문외한으로 살다가 대학을 졸업하고 사회에 나가서야 배우려는 사람도 있지만 그때는 너무 늦다.

돈의 기본을 이해하지 못한 탓에 많은 인생이 파멸을 맞았다. 세상 사람들은 돈을 그저 소비 수단으로 생각한다. 그래서 쓸데없이 돈을 쓰거나 빚을 진다. 아무 계획 없이 돈을 써 가계가 파탄 난 가정이 얼마나 많은지 모른다. 부모가 일용품이나 식품을 마련하는 문제로 다투면 그 불안은 고스란히 아이에게 전달된다. 가정을 지키려면 안전한 생활을 보증하는 최소한의 돈이 필요하다.

돈은 모으는 것이지 쓰는 것이 아니다. 나는 두 딸이 그런 마음가짐으로 자라주기를 바라는 마음에 아이들이 태어나자마자 돼지저금통을 6개씩 사주었다. 그리고 미국 달러와 싱가포르 달러 등 통화별로 구분해 저금하게 했다. 딸들을 통화 전문가로 만들기 위해서가 아니었다. 이 세상에는 여러 종류의 돈이 있다는 것과 저금을 해야 돈을 모을 수 있다는 단순한 법칙을 알려주고 싶었다.

큰 딸인 해피가 두 살 때 일본의 TV 방송국에서 나를 취재하러 온 적이 있다. 그때 취재진은 해피가 자신의 저금통에 돈을 집어넣는 모습을 촬영했다. 그 모습을 보고 얼마나 기뻤는지 모른다. 돈이 생기면 무언가를 사고 싶어지는 것이 아이들 마음이지만 저금을 하는 의미를 알려주면 어린아이도 제대로 이해한다. 해피도 그랬다.

어느 날, 해피는 자기 돈이 동생 돈보다 적다는 것을 알아차렸다. 나는 그 이유를 알고 있었다. 자신이 갖고 싶었던 바비인형을 샀기 때문이었다. 나는 해피에게 이렇게 말해주었다.

"네가 바비인형을 사서 돈이 줄어든 거란다."

무언가를 사면 돈이 없어진다. 당연한 일이지만 많은 사람이 무

의식중에 돈을 쓰고 만다. 해피는 돈이 줄어들었을 때의 고통을 몸소 경험한 뒤 전보다 신중하게 돈을 쓰게 되었다. 소중한 교훈을 얻은 것이다.

자녀에게 돈을 얻으려면 일을 해야 한다는 것도 알려주어야 한다. 나는 딸들에게 따로 용돈을 주지 않고 침대를 정리했을 때 등 일을 했을 때만 보수를 주었다. 이것도 하나의 수업이다.

돼지 저금통이 꽉 차면 같이 은행에 가 그 돈을 세게 하고 딸의 계좌에 입금시켰다. 은행에 돈을 맡기면 발행되는 거래명세서를 보며 이자라는 것이 무엇인지도 가르쳐주었다. 그래서 딸들은 어렸을 때부터 세상에는 이자라는 것이 있으며, 돈을 예금하면 복리로 돈이 불어난다는 사실을 알았다. 지금은 세계적으로 저금리 시대라 은행에 돈을 넣어둬도 이자가 별로 붙지 않지만 그래도 은행에 돈을 맡기는 것은 좋은 일이라고 인식시켜주는 것이 좋다.

지금은 딸들도 밖에서 일할 나이가 되었다. 나는 해피가 열네 살 때 일자리를 구하라고 말했다. 밖으로 나가 스스로 일을 찾는 연습을 하게 하고 싶었다.

나는 시골에 사는 가난한 소년이었다. 시골에서 벗어나 자유를 얻기 위해 어릴 때부터 쉬지 않고 일했다. 다섯 살 때 야구장에서 빈 병을 회수하기도 했고, 땅콩을 팔기도 했다.

일을 하려면 가장 먼저 조건에 맞는 일을 찾아야 한다. 일자리를 발견하면 제시간에 직장에 가 누군가의 지시대로 일해야 한다. 돈을 버는 것은 결코 쉬운 일이 아니다. 나는 딸들에게 그러한 사실을 알려주고 싶었다.

해피에게 일자리를 찾으라고 말한 나는 그 아이가 맥도날드에서 시급 8달러를 받으며 일할 거라고 생각했다. 하지만 해피는 중국어를 가르치는 시급 25달러짜리 일을 찾았고, 지금은 시급 30달러를 벌고 있다. 해피는 내가 생각한 것보다 훨씬 똑똑했다.

사람들은 내 딸들이 짐 로저스의 딸이라는 이유만으로 좋은 대접을 받을 것이라고 생각하지만 나는 그렇게 되길 희망하지 않는다. 아직 명확하게 정하진 않았지만 나는 가족에게 많은 유산을 남기지 않을 것이다. 딸들이 적어도 마흔 살이 되기 전에는 유산에 손을 대지 못하게 할 생각이다. 나는 딸들이 자신의 발로 인생을 걸어 나가길 희망한다. 그래서 내가 살아 있는 동안 딸들에게 돈과 일에 관해 가르치는 것이다.

무엇을 위해 돈을 버는지 잊지 마라

앞서 필요 최소한으로 돈을 버는 의미에 관해 이야기했다. 그렇다면 안심하고 생활할 수 있게 되어도 계속해서 돈을 벌어야 할까? 이는 사람마다 생각하는 바가 다르다.

나에게 돈은 '자유'를 뜻한다. 나는 무언가를 사기 위해 돈을 번 것이 아니다. 그저 내가 원할 때 내가 원하는 일을 할 수 있도록 돈을 벌어왔다. 나는 한 번뿐인 인생, 남들보다 더 많은 것을 경험하고 싶었다. 모험을 하고 싶었다. 훗날 인생을 돌아봤을 때 '정말 멋진 시간을 보냈어. 정말 즐거웠어'라고 생각하고 싶어 돈을 벌었다. 그래서 나는 집이나 자동차 등을 원한 적이 없다. 화려한 생활에 전혀 관심이 없었고, 오랫동안 자동차가 없어 딸들을 등하교시킬 때 자전거를 이용했다.

행복과 돈의 관계를 생각하면, 세계일주 중에 만난 시베리아와 아프리카 아이들이 떠오른다. 아이들은 망가진 수레바퀴를 가지고 신나게 놀았다. 아이들은 아무것도 가지고 있지 않았지만 자신이 아무것도 가지고 있지 않다는 사실을 알지 못했고, 신경도 쓰지 않았다.

반면 부자이지만 불행한 사람도 많다. 일에 지쳤기 때문일 수도 있고, 열정을 쏟을 만한 일을 찾지 못했기 때문일 수도 있다. 여러분 중에서도 그런 사람이 적지 않을 것이다. 만약 당신이 돈을 벌고 있는데 행복하지 않다면 무엇인가 잘못된 것이다. 그런 사람은 나처럼 일을 그만두고 오토바이로 세계일주를 하면 지금보다 훨씬 행복해질지도 모른다. 돈은 좀 줄어들겠지만 말이다.

물론 자신이 행복하다면 그 일을 계속하면 된다. 워런 버핏을 보라. 그렇게 많은 돈을 벌었는데도 계속 일하고 있지 않은가. 그는 행복을 위해 매일 투자가로서 실력을 발휘한다.

한때 내 밑에서 일하던, 나보다 나이가 많았던 한 남성은 104세가 되어서도 매일 사무실에 출근했다. 그는 엄청난 부자였지만 마지막까지 일을 하다 세상을 떠났다. 그 모습을 보며 '이미 벌 만큼 벌었으니 이제 일을 그만두면 될 텐데'라고 여기는 것은 초점을 빗나간 생각이다. 그는 자신이 가장 하고 싶은 일을 했을 뿐이다.

　행복을 손에 넣고 싶다면 자신의 생각대로 실행해야 한다. 이것이 결론이다. 내가 오토바이로 세계일주를 하겠다고 하자 주변 사람들은 "돈이 그렇게 많은데 왜 비행기를 타고 가지 않는 거야?", "누구한테 살해라도 당하면 어쩌려고 그래"라고 말했다. 하지만 나는 "비행기로는 안 된다"라고 대답했다.

　나는 오토바이로 세계일주를 하는 것이 전혀 두렵지 않았다. 강도에게 살해당할 수도 있다는 것을 충분히 알고 있었지만, 설령 정말로 살해당한다고 해도 내가 하고 싶은 일을 하다가 죽는 것이니 괜찮다고 생각했다. 뉴욕에서 버스에 치이거나 사무실 컴퓨터 앞에서 죽는 것은 불행한 일이지만 내 생각대로 살다가 죽는 것은 결코 불행한 일이 아니다.

　자신에게 행복한 방식으로 사는 것이 바로 성공이다. 이 점을 잊지 말고 살아가자.

5

앞으로의 시대에
성공하는 투자

■

만약 지금 애플에 투자한다면 크게 수익을 낼 수 없을 것이다.

싼 것을 찾는 일은 누구나 할 수 있다.

예를 들어 우리는 북한의 재화가 싸다는 것을 알고 있다.

얼마나 싸고 얼마 동안 쌀지는 모르지만

지금은 싸다는 것을 감각적으로 이해할 수 있다.

장래성을 측정하려면 넓은 관점에서 변화를 파악해야 한다.

이때 변화의 '촉매'가 있는지 찾아야 한다.

북한이라면 김정은의 존재가 촉매가 될 것이고,

러시아의 푸틴이 진행하는 극동 지역 개발도 마찬가지다.

■

싸게 사서
비싸게 팔아라

드디어 이 책의 마지막 장이다. 이 장에서는 투자가로서 내가 어떤 생각으로 투자해왔는지 밝히고자 한다. '이렇게 하면 반드시 이긴다'라는 방법은 없지만 그래도 유념해야 할 점이 꽤 있다.

투자가로서 내 기본적인 전략은 '싸게 사서 비싸기 파는 것'이다. '뭐 그렇게 당연한 말을 해?'라고 생각하는 사람도 있을 것이다. 하지만 많은 투자가가 상승장에만 눈을 돌리고 하락장은 쳐다보지도 않는다.

나는 그 반대다. 항상 '어느 지점이 바닥인가'라는 관점으로 투자 대상을 모색한다. 사람들이 과열된 종목에 열중할 때 나는 그런 사람들이 간과한 저렴한 종목을 찾는다. 아무도 사지 않고, 아무도 입에 올리지 않는 종목들 중에 앞으로 폭등할 종목이 숨어 있다. 주식은 언제 사야 할까. 모든 이가 절망에 빠져 "이제 주식 이야기는 신물이 나. 주식의 '주' 자도 꺼내지 마"라고 입을 모을 때가 적기다. 그럴 때 주식시장은 바닥이며, 오르기를 기다리기만 하면 이길 수 있다.

지금까지 나는 믿을 수 없을 정도로 싼 주식과 상품에 투자해 왔다. 나는 1969년에 조지 소로스와 함께 투자사를 설립해 10년도 안 되어 4,200퍼센트나 되는 수익을 냈다. 다른 사람들은 눈길을 주지 않는 상품에 투자했기 때문에 엄청난 성과를 달성할 수 있었던 것이다.

이런 이야기를 하면 사람들은 저렴했던 상품이 주목받고 가격이 상승한 뒤에야 사려 한다. 내 어머니도 종종 전화를 걸어 어떤 상품을 사라고 권했다. 이유를 물으면 "가격이 세 배나 올랐거든"이라는 대답이 돌아왔다. 그럴 때마다 나는 이렇게 말했다.

"어머니, 절대 안 됩니다. 세 배가 되기 전에 샀어야죠."

물론 세 배나 가격이 오른 그 상품이 그 후에 열 배가 될 수도 있지만 그런 일은 좀처럼 일어나지 않는다. 그보다는 아무도 모르는 상품이 세 배가 되기를 기다리는 편이 합리적이다.

만약 지금 애플에 투자한다면 크게 수익을 낼 수 없을 것이다. 애플에 투자해 큰 수익을 낸 사람은 그들의 테크놀로지를 대부분의 사람이 몰랐던 시절에 밝은 미래를 기대하며 투자한 이들이다.

싸게 사는 것의 이점은 예상이 어긋난다 해도 크게 손해 보지 않는다는 것이다. 지금 정세가 불안한 베네수엘라에 투자한다면 무일푼이 될 정도로 손해를 보진 않을 것이다. 이미 비참한 상태이며, 주가가 상당히 하락했기 때문이다.

싼 것을 찾는 일은 누구나 할 수 있다. 예를 들어 우리는 북한의 재화가 싸다는 것을 알고 있다. 얼마나 싸고 얼마 동안 쌀지는 모르지만 지금은 싸다는 것을 감각적으로 이해할 수 있다.

장래성을 측정하려면 넓은 관점에서 변화를 파악해야 한다. 이때 변화의 '촉매'가 있는지 찾아야 한다. 앞서 촉매를 통해 변화를 찾을 수 있다고 설명했는데, 투자가는 저평가된 주식이 급등할 듯한 촉매를 찾는 것이 매우 중요하다. 북한이라면 김정은의 존재가 촉매가 될 것이고, 러시아의 푸틴이 진행하는 극동 지역 개발도 마찬가지다.

일반인이 그런 변화를 알아차릴지 예측하는 것도 마찬가지로 중요하다. 세상 사람들이 변화를 인식하고 행동해야 상품 가치가 변동하기 때문이다. 나는 남들보다 빨리 변화를 알아차리는 편인

데, 몇 년 뒤 다른 사람들도 인식할 바람직한 변화를 찾을 수 있으면 좋겠다.

그렇다면 아프리카에서 매력적인 나라가 될 수 있는 곳이 있을까? 나는 에티오피아, 앙골라, 짐바브웨를 후보로 꼽겠다. 짐바브웨에는 하이퍼 인플레이션(물가상승률이 통상적인 수준을 벗어나 급격히 오르는 것-옮긴이)이 발생해 2015년에 짐바브웨 달러가 폐지되었다. 지금까지 통화가 제 기능을 하지 못하고 있어 대단히 비참한 상황이지만, 지금 투자해놓으면 5년이나 10년 뒤에는 만족스러운 결과를 얻을 수 있을 것이다.

가치가 있다는 것을
'알고' 있었기에 투자에 성공했다

비즈니스스쿨에서 강의했을 때, 학생들은 하나같이 쉬운 답을 듣고 싶어 했다. 학생들은 내가 "답은 교과서 26쪽에 있다"라고 말해주길 바랐지만, 현실은 그리 녹록하지 않다. 원래 학교에서는 책을 읽고 답을 찾는 것이 일상이므로 학생들이 그렇게 생각하는 것을 이해하지 못하는 것은 아니다.

신문에 부자에 대한 기사가 나오면 사람들은 그 기사를 읽고 "이건 나도 할 수 있겠다"라고 말한다. 기사만 읽으면 돈을 참 쉽게 번 것처럼 보인다. 하지만 모든 사람이 이익을 얻을 수 있는 솔깃한 정보 따위는 애초에 존재하지 않으며, 그걸 믿으면 오히려 함정에 빠진다는 것이 내 의견이다.

'나도 쉽게 답을 찾을 수 있으면 얼마나 좋을까'라고 생각하지만 내 경험에 비추어 내린 결론은 '공을 들여야 한다'였다. 충분히 조사하고, 생각하고, 연구하지 않으면 안 된다. 그 회사 사람들은 명석한가, 성실한가, 경쟁은 치열한가, 부채가 많지는 않은가 등을 꼼꼼하게 조사해야 한다.

세심하게 주의를 기울였는가가 성공과 실패를 가른다. 그러므로 아무리 사소하게 보여도 돌멩이를 하나하나 치워가며 살펴보듯 조사해야 한다. 사람들이 성공하지 못하는 것은 한정된 범위에서 불충분한 조사만 하기 때문이다. 철저하게 조사하는 것은 대단히 번거롭지만, 그 작업이 다른 사람과의 차이를 만든다.

주식에 투자할 때 나는 모든 재무제표를 살펴본다. 세세한 주석도 놓치지 않는다. 경영자 측이 발표한 재무제표와 전망에 관해서는 무엇이 그 내용을 뒷받침하는지 전부 확인한다. "그 회사는 월가에 있는 투자 분석가들보다 내가 더 잘 알고 있다"라고 말할 수 있기 전까지는 절대 투자하지 않는다.

왜 그렇게까지 해야 할까? '가치가 있다고 생각한다'라는 것만으로는 투자하면 안 되기 때문이다. '가치가 있다는 것을 알고 있다'라고 말할 수 있을 때까지는 아무것도 하면 안 된다. 내가 중국에 투자했을 때, 중국에 가치가 있다고 '생각해서'가 아니라 가치가 있음을 '알고 있어서' 투자에 성공할 수 있었다.

만약 조사하고, 생각하고, 연구하는 것이 귀찮다면 이렇게 생각하자.

'평생 20번밖에 투자를 하지 못한다면 어떻게 할까?'

20번밖에 기회가 없다면 여간해서는 투자를 시도하지 않을 것이다. 그렇게 생각하면 투자하기 전에 신중하게 리서치해야겠다는 생각이 들지 않을까.

잘 모르는 것에
분산투자하지 마라

다시 한 번 말하지만 투자로 성공을 거두는 유일한 방법은 자신이 잘 아는 것에 투자하는 것이다. 인간은 누구나 잘 아는 분야가 있다. 스포츠, 패션, 자동차 등 그게 뭐든 좋다. 그것이 바로 당신이 투자해야 할 분야다.

앞 장에서 열정의 중요함에 대해 다루었는데, 이는 투자에도 적용된다. 만약 패션을 좋아한다면 매일 패션에 관한 정보를 접해 지금 패션 업계에서 일어나는 일을 다른 사람들보다 잘 알고 있을 것이다. 이런 정보를 무기 삼아 투자 기회를 모색해야 한다.

주식이든, 채권이든 당신이 어떤 지식을 갖고 있는가에 따라 투자 상품이 달라진다. 주식이 무엇인지 모른다면 주식을 사서는 안 되고, 채권의 구조를 이해하지 못했다면 채권에 투자해서는 안 된다. 만약 부동산을 좋아해 항상 물건을 보러 다닌다면 전 자산을 부동산에 투자하라. 그런 사람이 '분산투자를 하면 리스크가 낮다'라는 말을 믿고 잘 알지도 못하는 주식에 투자하는 것은 잘못된 행동이다.

참고로 '투자는 분산해야 한다'라는 말이 투자의 정석으로 인식되고 있지만, 사실 분산투자를 하면 큰돈을 얻을 수 없다. 1970년에 1차 산업품에 투자해 1980년에 그것을 되팔아 일본 주식을 샀다고 가정해보자. 그 뒤 1990년에 테크놀로지 관련주로 갈아타고, 2000년에 그 주식을 팔았다면 당신은 지금쯤 억만장자가 되었을 것이다. 그와 반대로 온갖 주식이나 상품에 분산투자했다면 전혀 돈을 벌지 못했을 것이다.

잘 모르는 것에 투자하는 행위는 상당히 위험하다. 조사하고, 생각하고, 연구하는 것이 귀찮다면 아예 투자에 손을 대지 않는 편이 낫다.

한 젊은 군인이 나폴레옹에게 이런 질문을 했다는 일화가 있다.

"각하와 같은 사령관이 되려면 어떻게 해야 합니까?"

나폴레옹은 이렇게 대답했다.

"항상 위장과 방광을 비워둬라."

젊은 군인은 나폴레옹의 답에 고개를 갸웃했겠지만 잘 생각해 보면 그의 말은 진리다. 전쟁터에서는 화장실에 갈 수 없다. 위장과 방광을 비워두면 다른 군인들보다 잘 싸울 수 있다.

투자가에게도 똑같은 말을 할 수 있다. 투자가로서 성공하려면 면밀하게 준비하는 것이 가장 중요하다. 항상 자신이 잘 아는 분야를 리서치하자. 그러면 적절한 시점에 투자해 크게 수익을 낼 수 있다.

신문, 결산보고서 등 다양한 곳에서 정보를 입수하라

우리 집에는 TV가 없다. 나는 TV 시청은 시간 낭비라고 생각한다. 내가 정보를 입수하는 매체는 신문이다. 예전부터 영국에서 발행하는 신문인 〈파이낸셜 타임즈〉와 싱가포르에서 발행하는 신문인 〈더 스트레이츠 타임즈〉를 구독하고 있다. 나는 신문에서 중앙은행과 금리의 움직임, 통화와 상품 시장 변화에 관한 뉴스를 반드시 확인한다.

예전에는 미국에서 발행하는 몇 종류의 신문과 영국, 캐나다,

일본 등 5개국의 신문을 보았다. 뉴욕에 살았을 때는 〈재팬 타임즈〉도 종종 보았다. 하지만 인터넷의 등장으로 가짓수를 줄였다. 지금은 인터넷으로 전 세계 뉴스를 확인할 수 있으니 정말 편하다. 특히 외국에서 일어나는 일은 인터넷에서 더 쉽고 빠르게 정보를 얻을 수 있다.

구독 신문 수가 준 것은 기자들이 줄어 신문의 종류 자체가 감소한 탓도 있다. 나는 영국의 신문은 다른 나라의 신문보다 뛰어나다고 생각한다. 과거 세계에서 가장 국제적인 나라였던 영국은 세계 각국에 기자를 파견했다. 그래서 나는 영국의 신문을 통해 국제적인 견해를 파악할 수 있었다. 특히 〈파이낸셜 타임즈〉는 내가 아는 그 어떤 신문보다 날카로운 시각으로 세계를 분석한다. 현재는 일본 자본에 매수되었지만, 기사의 수준은 변하지 않았다고 생각한다.

이야기가 옆길로 샜다. 《백만장자가 인생에서 소중히 여기는 60가지》에서 언급했듯, 투자처로 고려하는 기업이 있다면 그 기업의 결산보고서를 살펴봐야 한다. 먼저 '이익률'을 확인하라. 이익률은 기업 경쟁력을 나타내는 기준이다.

과거에서 현재까지의 이익률 변동을 보고, 현재 이익률이 과거에 비해 갑자기 떨어진 상황이라면 투자를 검토해야 한다. 그런 경우는 이익률이 일시적으로 떨어졌을 뿐이며, 다시 이익률이 올라 주가가 상승하리라 예측할 수 있기 때문이다.

이익률은 높은데 부채가 많은 기업을 발견하면 주가가 하락할 것을 예측하고 공매도를 하는 방법도 있다. 이때는 자기자본에 대한 부채 비율을 나타내는 '부채자본비율'을 참고해야 한다.

이익률이 비슷한 여러 기업 중 어디에 투자할지 망설여질 때는 '자기자본이익율(ROE)'을 비교해보아야 한다. 이는 주주자본에 대한 당기순이익의 비율을 나타낸다. 주주 입장에서 본 수익을 파악할 수 있으므로 당연히 수치가 높은 것을 선택해야 한다.

업계지가 투자 판단에 도움이 되는 일도 꽤 많다. 업계지를 읽으면 경쟁 제품에 대한 정보와 관련 시장에서 일어나는 변화를 파악할 수 있다. 이것을 통해 앞날을 예측해 투자 판단을 하는 것이다. 그 업계에 종사하는 CEO들이 반드시 읽는 업계지는 빠짐없이 읽어야 한다.

만약 패션 분야에 투자하기로 마음먹었다면 패션 관련 업계지를 읽고 의류를 제작하는 소재에 무슨 일이 일어날지 파악하라. 면, 울, 피혁 등과 같은 소재의 가격 동향은 물론, 그 소재를 대체할 만한 신소재가 있는지도 파악하라. 사실 이 정도까지 리서치하는 투자가는 많지 않지만 나에게는 이것이 최소한의 기준이다.

국가나 지역에 주목해서 투자하려면 실제로 그곳에 가 사람들의 생활상을 관찰해야 한다. 내가 지금까지 세계를 여행한 경험은 투자를 판단할 때 적지 않게 도움이 되었다. 지금도 나는 관찰하는 안목을 더 키우기 위해 노력하고 있다.

여행을 하면 아름다운 건물과 그때의 유행이 눈에 들어온다. 멋있다고 감탄만 하지 말고 그 배경을 탐색해 조사해야 한다. 나는 투자가의 관점에서 '이거 참 흥미로운 현상이네. 다음에 어떤 변화가 일어날까?'라고 생각한다.

거리를 걷고 있는 사람들의 복장을 보다 '이 패션이 유행하겠구나'라는 느낌이 오면 그게 바로 기회다. '이 옷은 어느 회사가 만들었을까?', '이 옷은 어떤 과정을 거쳐 제작되었을까?' 등을 조사해야 한다. 그러다 보면 업계의 향방이 하나의 스토리로 보이기 시작한다. 지금은 싸지만 가격이 인상될 스토리가 보이면 시기를 놓치지 말고 투자하라.

정보를 늘 의심하라

    정보를 넓게 받아들이는 한편으로 스스로 생각하는 것도 소홀히 해서는 안 된다. 때로는 신문 보도가 잘못되었을 수도 있다. 저널리즘이 대중을 잘못된 방향으로 이끈 경우는 수없이 많았다. 예전에 미국에서 '이라크는 대량 살상 병기를 은닉하고 있다'라고 보도한 적이 있는데, 실은 잘못된 뉴스였다. 신문에 실린 내용이라 해도 사람들이 퍼뜨린 거짓이나 착각을 저널리스트가 그대로 보도했을 수도 있으므로 그 내용의 근거가 어디에 있는지 조사해야 한다. 나는 언제나 그렇게 해왔다.

　나는 뉴스와 인터넷 기사 등을 볼 때는 '사실은 어떤 일이 일어나고 있는가'라는 관점으로 파고든다. 그리고 언론 매체의 보도에 의문이 생기면 최대한 자료를 모으고 그것을 실제로 조사하기 위해 해외로 나간다.

　세상 사람들은 정부와 같은 권위 있는 기관이나 뉴스에서 나온 말에 좀처럼 의문을 품지 않는다. 21세기는 정보가 넘쳐흐르는 시대다. 마음만 먹으면 얼마든지 사실 여부를 확인할 수 있다. 하지만 놀랍게도 정보의 진위를 스스로 확인하는 사람은 소수에 불과하다.

　내가 언제부터 이렇게 생각했는지는 분명하지 않지만 아마도 젊었을 때 베트남전을 보고 영향을 받은 것 같다. 젊은 시절의 경험으로 정부가 하는 말에는 의문을 품어야 한다는 것을 배웠다. 이 생각은 지금도 투자가로서의 나를 지켜준다. 어떤 나라의 정부가 "우리나라의 경기는 호조를 띠고 있다"라고 강조한다면 그 나라에 가서 확인하면 된다. 현지 사람들의 모습을 보면 그 말이 참인지, 거짓인지 금방 알 수 있다.

　예를 들어 그 나라의 신용도를 측정하고 싶다면 나는 암시장의 존재 여부를 조사한다. 암시장이 존재하고 그 규모가 크다면, 그 나라는 어떤 문제를 갖고 있는 것이 분명하다. 공식 환율과 지하 시장의 환율 격차는 문제의 심각성을 나타내는 지표다. 1980년대 후반, 중국 암시장에서 달러를 교환하면 50퍼센트나 웃돈이 붙었지만, 2000년에는 10퍼센트 정도로 떨어졌다. 이는 중국이 좋은 방향으로 나아갔다는 증거다.

1998년, 미국 정부는 물가가 상승하지 않을 것이라고 강조했지만 나는 '상품의 시대'가 올 것이라 생각했다. 면밀히 조사해 상품 시황이 오랫동안 침체해 상품 공급이 지나치게 위축되어 있다는 사실을 파악하고 나서 내린 결론이었다.

그때 한 여성 기자가 이렇게 물었다.

"지금 개인 투자가는 어디에 투자하는 게 좋을까요?"

나는 테이블에 놓인 설탕을 그녀에게 내밀며 이렇게 답했다.

"이게 좋은 투자처입니다. 갖고 가보세요."

그녀는 어이없다는 표정을 지었다. 그 당시 설탕 가격은 1파운드(약 454g)에 5.5센트였다. 설탕은 1966년, 1.4센트에서 1974년, 66.5센트로 45배 이상 뛰어올랐다가 얼마 지나지 않아 급락했다. 그 뒤 1980년대에 상승세를 이어갔지만, 1998년에는 다시 하락한 상태였다. 미국의 설탕연합회에 따르면 1996년 이후, 설탕 처리 공장의 3분의 1이 폐쇄될 상황이었다. 하지만 이런 때야말로 기회다. 내가 1998년에 투자한 설탕은 2010년까지 꾸준히 상승했다.

사회 통념이나 관습을 기반으로 '반드시 이렇다'라고 인식된 것이 틀린 경우를 목격했을 때는 그때 무슨 일이 일어났는지, 다수의 의견에 따르지 않았던 사람들이 어떤 생각을 했는지 제대로 확인하고 자신의 머리로 생각해보자. 거품경제가 꺼진 뒤 그때의 상황을 돌이켜보는 것도 좋다. 왜 사람들이 휘말려서 손실을 보았는지 생각하고, 그와 반대로 이익을 얻은 사람들이 왜 그랬는지 생각해보는 것이다.

무언가로 성공하고 싶다면 아무도 하지 않은 것을 남보다 빨리 시작해야 한다. 그러려면 스스로 정보의 배경을 확인하고 진실 여부를 판단해야 한다. 그리고 자기 상황에 유리한 정보만 믿는 것은 아주 위험하다는 것도 알아두어야 한다.

'안전'이라는 말을 믿지 마라

    투자에 관한 강연을 할 때마다 어김없이 "그건 확실하게 수익이 날까요?"라는 질문을 받는다. 그럴 때마다 나는 "그건 모르지요"라고 대답한다.

    사람들은 안전한 투자처를 찾는다. 위험하지 않으면서 확실하게 수익을 낼 수 있는 투자처 말이다. 하지만 이 세상에 안전한 투자라는 것은 존재하지 않는다. 만약 수익이 보장되어 있다면 모든 사람이 그것에 투자할 것이다. 정상적인 투자가에게는 상식이지만, 모든 것은 본인의 책임이다.

아이슬란드에서 일어난 일만 봐도 투자에 '안전'이라는 말을 써서는 안 된다는 교훈을 얻을 수 있다. 2007년, 아이슬란드의 은행 예금 이자는 무려 15퍼센트였다. 많은 사람이 '은행에 돈을 맡겨두면 안전하다', '은행에 맡기면 확실하게 돈을 벌 수 있다'라고 생각해 은행에 전 재산을 맡겼지만 결국 파산했고, 사람들은 막대한 돈을 잃었다.

내 어머니 세대는 약혼을 하면 일단 은식기를 구입했다. 어떤 경제적 문제가 생기면 팔아 해결하기 위함이었다. 일종의 방어적 투자라 할 수 있다. 어머니는 은식기를 여덟 세트나 구입하셨고, 지금은 내가 물려받았다. 하지만 티파니를 비롯한 다수 기업이 이제는 은식기를 제조하지 않는다. 옛날만큼 수요가 없기 때문이다. 이렇게 예전에는 효과적이었던 투자 방법이 지금은 적합하지 않은 사례가 상당히 많다.

세상은 항상 변화한다. 그 점을 인식하고 대비해야 한다. 현재 잘 풀린다고 해서 앞으로도 그럴 거라는 보장은 없다.

많은 사람이 "지금의 경기 호황은 과거와 달라. 완전히 새로운 거야"라고 말할 때 경제적 파탄이 일어난다. 거품경제가 붕괴하기 전인 일본, 리먼 브라더스 사태 직전에 주택 경기 호황을 누렸던 미국, 닷컴버블 등 그런 일은 얼마든지 있었다. 그때 사람들은 '이번에는 확실히 수익이 날 거야'라고 생각했다. 또 안전한 투자라고 믿었다. 그러다가 엄청난 손실을 보았고, 그제야 자신의 판단이 잘못되었음을 깨달았다.

기회는 위기 속에 존재한다

　　투자로 크게 성공하고 싶다면 바로 이때다 싶을 때 집중적으로 투자해야 한다. 그런 시점은 좀처럼 찾아오지 않지만 한 가지 생각할 수 있는 것은 정부의 결정이다. 정책이 올바르든, 국민 대부분에게 유익하지 않든 정부의 결정은 변화의 촉매가 된다.

　　예를 들어 과거 중국은 무척 불결한 나라였다. 그 때문에 나도 중국으로의 이주를 단념했다. 중국 정부는 거액을 쏟아부어 나라를 청결하게 하겠다고 결정했다. 그러면 중국을 청결하게 만드는 일을 하는 사람들이 큰돈을 벌게 된다. 여기에 투자 기회가 있는 것이다. 중국의 청소업체, 청소용품 판매회사 등 몇몇 기업이 성장을 기대할 수 있다.

또 '위기'라고 불리는 일이 일어나면 나는 그때 투자 기회를 찾았다. 일본과 중국, 한국에는 '위기(危機)'라는 말이 있는데, 이 말에는 위험과 기회의 의미가 함께 담겨있다. 영어에는 이것과 완전히 일치하는 단어가 없다. 위기라는 말을 통해 나는 수천 년의 역사에서 나온 아시아의 지혜를 느꼈다. 위기와 기회는 동전의 앞뒷면과 같다.

일본 주식을 적극적으로 매집한 것은 동일본대지진이 일어난 직후였다. 그 당시 일본의 주가가 급격히 내려가는 것을 보았기 때문이다. 앞서 말했듯 그때 산 주식은 2018년에 전부 매도했고, 적지 않은 이익을 얻었다.

나의 이런 방식에 어떤 사람들은 "남의 불행을 이용하는 거잖아"라고 비판하기도 한다. 그것은 한참 잘못된 생각이다. 위기에 처한 나라에서 힘들어하는 사람들은 누군가가 돈을 지원해주기를 바라기 때문이다. 위기에 처한 나라는 투자가가 투자한 자금을 활용해서 부흥한다. 위기를 눈앞에 두고 "아, 정말 큰일이네"라고 걱정만 해서는 투자가로서 실격이다. 그곳에 어떤 기회가 있는지 찾아야 한다.

변화가 좋은 것이든, 나쁜 것이든 거기서 큰돈을 벌 방법을 찾는 것은 누구나 할 수 있다. 예를 들어 중국이나 한국이 아시아에서 대두하기를 바라는 일본인은 별로 없겠지만 어쨌든 그 변화를 이용해 부자가 될 사람은 있을 것이다.

이런 관점을 가진다면 누구나 부유해질 수 있다. 다시 한 번 말하지만, 변화의 물결에 저항하지 마라. 직접 변화를 파악하고 자신이 옳다고 생각하는 일을 하면 된다.

금융 업계가 수익을 내는 시대는 끝났다

나무는 하늘에 닿지 않는다. 천장을 모르고 끝없이 상승하는 것 따위는 이 세상에 존재하지 않는다는 말이다. 하지만 거품경제 특유의 열광과 흥분을 느끼면 사람들은 앞으로도 계속 오를 거라고 생각한다.

지금 내가 우려하는 것은 미국의 주식시장이다. 리먼 브라더스 사태로 2009년 3월에 바닥을 친 이후, 10년 가까이 상승세를 타고 있다. 사람들은 미국의 주식시장이 더 오를 것이라고 기대하지만 역사를 비추어볼 때 상승장은 언젠가 반드시 멈춘다.

또 이미 사람들은 금융 업계에 부정적인 감정을 갖고 있다. 이 점도 주식시장의 불안 재료다. 사람들은 월가의 부유한 투자가와 은행가가 과거 30~40년간 막대한 수익을 낸 것에 대해 분노하고 있다. 성서에는 예수 그리스도가 유복한 세리(稅吏)를 악마라고 부르며 신전에서 쫓아냈다고 쓰여 있는데, 현대인도 그와 비슷한 감정을 느끼는 것이다.

나는 금융 업계에서 큰돈을 벌었지만 이제 그런 시대는 끝났다. 1958년, 전 세계에 5천 명에 불과했던 MBA 취득자는 지금 미국에만 해도 5만 명이 넘는다. 금융 업계는 유래 없이 치열한 경쟁을 치러야 한다. 이제 청년들은 MBA보다는 트럭 운전면허를 따는 편이 낫다. 농담이 아니라 진지한 생각이다.

수십 년 뒤 금융 업계는 여기저기에 구멍이 날 것이다. 중국의 금융 업계는 정부라는 뒷배가 있기라도 하지만 다른 나라의 금융 업계는 어떨까. 금융 업계 시대가 지나간 뒤에는 무슨 일이 일어날까? 이것도 역사가 알려준다. 실물경제 시대가 올 것이다.

러시아 소설에 나오듯 돈 많은 농민이 힘을 가지는 시대가 다시 한 번 찾아올지도 모른다. 일본인이 농업을 하면 성공할 수 있다고 생각하는 배경에는 그런 이유도 있다.

군중심리를 간파하라

감정은 시장을 움직이는 동력이다. 대중은 때로 뉴스에 과잉 반응하기 때문이다. 살 필요도 없는 것을 허겁지겁 사거나 팔지 않아도 되는 것을 내던진다. 투자가의 심리가 그런 시장의 움직임에 박차를 가하고, 사람들은 점점 더 공황 상태에 빠진다. 이럴 때야말로 투자 기회를 발견할 수 있다.

1966년에 995달러였던 다우 평균주가는 그 뒤 기나긴 침체기를 겪었다. 1979년, 미국의 경제 주간지 《비즈니스위크》는 '주식의 죽음(The Death of Equities)'이라는 유명한 제목으로 커버스토리에서 주식시장 침체 실태를 보도했다. 그 기사를 읽고 누구나 고개를 끄덕였다. 하지만 나는 그런 분위기가 남아 있던 1982년에 주식을 사 모으기 시작했다. 주위에서는 그런 나를 이상하게 여겼지만 그들이 고개를 갸웃거릴수록 나는 기분이 좋았다. 내가 대중에게 저항하고 있다는 증거였기 때문이다.

거품경제가 일어날 무렵에는 그와 반대로 많은 사람이 주식에 손을 댔다. 어디를 가든 사람들이 주식 이야기를 하고 있었다. 그런 모습을 본 영리한 투자가들은 시장에서 빠져나갔고, 그로 인해 주가가 폭락했다. 그 결과, 시장에 남아 있던 사람들 대부분이 손해를 보았다.

나는 외국인이 특정 국가에 돈을 쏟아붓기 시작할 때도 손을 떼야 하는 시기라고 생각한다. 외국인은 대부분 판단을 그르쳤다. 얼마 전 어떤 사람이 내게 "베트남에 투자해야 해요"라고 말했다. 나는 그 말을 듣고 베트남에 투자하지 않기로 했다. 만약 베트남이 외국인에게 외면 받는 약세 시장이라면 나는 투자 후보 목록에 베트남을 추가할 것이다.

이런 대중의 심리와 감정을 파악할 수 있으면 투자에 성공할 수 있다. 바꿔 말하면, 투자에 성공하고 싶다면 대중의 심리에 말려들어서는 안 된다. 사람은 군중심리에 휩쓸리기 쉬운 동물이다.

자칭 전문가라고 하는 사람들조차 때때로 군중심리에 말려든다. 닷컴버블로 엄청난 손해를 본 경제 전문가들을 생각하면 무슨 말인지 이해가 될 것이다.

단기 투자뿐 아니라 장기 투자에도 얼마나 많은 사람이 감정에 휩쓸려 실패했는가. 연이자 8퍼센트의 복리로 운용할 수 있다면 전 세계 모든 투자가보다 좋은 성과를 얻을 수 있는데도 대부분 기다릴 줄을 모른다. 남의 말에 솔깃해 끊임없이 사고팔기를 반복하는 투자가가 성공할 리 없다.

나 역시 시장에서 이성을 잃고 큰 손해를 본 적이 있다. 석유 파동이 일어난 뒤인 1980년, 나는 원유 공급이 수요를 초과했음을 확인했다. 그래서 조금 있으면 유가가 떨어질 것이라고 예측해 원유를 공매도했다. 그런데 중동에서 전쟁이 터져버렸다. 시장은 원유 공급 부족을 우려했고, 내 예상과 달리 유가가 뛰어올랐다. 즉 오르기 전에 팔아버린 것이다.

나는 실수했다고 생각하고 황급히 상승한 상태의 원유를 다시 사들였다. 다시 한 번 상승 차익을 챙길 생각이었다. 하지만 유가는 얼마 안 가 원래 내가 예상했던 가격까지 떨어졌다. 때는 이미 늦었다. 나는 그 거래로 엄청난 손해를 입었다. 투자가는 이성을 잃으면 안 되는 줄 알면서도 그때 나는 공황 상태에 빠졌다. 유가를 지지하는 펀더멘탈이 무너졌다는 사실을 정확히 알고 있었으므로 신중하게 행동했어야 했는데, 그때는 군중심리가 얼마나 강한지 잘 알지 못했다.

사실을 조사하지 않고 소망과 욕망만으로 사물을 판단하려 하면 대중의 생각과 심리에 휩쓸린다. 모두 같은 방향으로 투자하고 싶어 할 때는 수요와 공급을 냉철하게 짚어봐야 한다. 냉철하게 판단하려면 지식뿐 아니라 경험도 필요하다.

사실 군중심리에 휩쓸리지 않고 차분하게 판단하기란 쉬운 일이 아니다. 현재 혼란이 계속되고 있는 베네수엘라의 주식에 투자한 사람들은 공황 상태에 빠지지 않았을까. 한동안은 주가가 계속 하락할 것이 분명하다. 그러나 이때를 참고 견디면 5년 뒤에는 크게 만족할지도 모른다.

젊고 경험이 별로 없었던 무렵의 나라면 주가가 하락하자마자 다른 사람들처럼 "베네수엘라는 망했다! 당장 팔아야겠어"라고 말하며 허둥댔을 것이다. 그리고 막대한 손해를 본 뒤, 베네수엘라의 주가가 상승하는 모습을 보며 땅을 치고 후회했을 것이다. 하지만 지금의 나라면 베네수엘라로 뛰어가 상황을 파악할 것이다. 그리고 공포에 사로잡힌 사람들의 반응을 뒤로하고 올바른 판단을 할 것이다. 이것이 경험의 힘이다.

잘못에서 배워라

월가에서 일을 시작했을 때는 누구나 나보다 나이가 많고 경험이 풍부해 보였다. 그들은 나보다 더 많은 것을 알고 있을 것이라 생각했다. 그러나 얼마 지나지 않아 그들도 종종 잘못을 저지른다는 사실을 알게 되었다.

인간은 잘못에서 배울 수 있는 동물이다. 잘못을 해도 그 뒤에 제대로 파악하면 마지막에는 이길 수 있다. 그 점을 깨달은 뒤 나는 잘못을 저지르는 것을 두려워하지 않게 되었다.

예전에 미국의 컬럼비아 대학교 비즈니스스쿨에서 투자에 관한 수업을 한 적이 있다. 나는 학생들에게 "잘못을 저질러도 괜찮다"라고 말했다. 그들이 내 말을 얼마나 새겨들었는지는 모르겠지만 실패를 경험하지 않고 성공할 수는 없다.

나는 지금까지 수도 없이 실패했다. 월가에서 일했을 때는 5개월 만에 자산을 세 배로 늘리는 데 성공했지만, 5개월 뒤에 전 재산을 잃었다. 6가지 종목의 주식에 투자해 몇 달 만에 두 배가 되었지만, 그 기업들이 전부 파산한 적도 있다.

하지만 그때의 경험을 통해 투자를 하려면 면밀한 리서치가 필요하다는 것을 배울 수 있었다. 그리고 나 자신을 너무 믿어서는 안 된다는 현실을 깨달았다. 다른 게 아니다. 내가 실패한 것은 과도하게 자신감을 갖고 리서치를 소홀히 했기 때문이었다.

사람은 잘못을 저지르면 저도 모르게 다른 사람을 탓하고 싶어진다. 아니면 TV나 인터넷, 신문에서 얻은 정보 때문이라고 변명한다. 이때 자신의 잘못을 인정하고, 앞으로는 리서치를 철저히 하겠다고 생각하면 다음번에는 승리에 가까이 다가갈 수 있다.

나는 항상 "실패해서 돈을 잃는 것은 나쁜 일이 아니다"라고 조언한다. 뛰어난 트레이더는 자신이 틀리기 쉬운 인간임을 자각하고 있다. 자신의 과오를 알아차리고 솔직하게 인정하면 금방 올바른 방향으로 전환할 수 있다. 그들이 유능한 이유는 잘못에서 신속하게 일어나기 때문이다. 당신이 자신의 잘못을 솔직하게 인정하지 못한다면 시장은 당신에게 뼈아픈 시련을 내릴 것이다.

이왕 잘못을 저지를 거라면 50대보다는 20대, 30대에 저지르는 편이 낫다. 젊을 때의 실패는 많은 것을 배우게 하며, 실패에서 일어날 시간과 체력도 있기 때문이다.

다시 한 번 말한다. 잘못하는 것을 두려워하지 마라. 10가지 종목을 사서 그중 9가지 종목이 하락해도 하나만 급등하면 성공할 수 있다.

투자로 성공하려면 나 자신을 알고 있어야 한다. 자신이 언제 이성적으로 판단하고, 언제 공황 상태가 되어 허둥거리는지 알고 있으면 반드시 잘될 것이다. '나는 지금 공황 상태야'라고 느껴질 때는 이 책에 나오는 내용을 떠올려보라. 다른 사람의 생각에 휘말리지 말고 철저하게 리서치하며 스스로를 생각하라. 이렇게 단순한 것을 실천하면 다른 사람들보다 빨리 성공을 거머쥘 수 있을 것이다.

짐 로저스의 일본에 보내는 경고

후
기

역사는 반복된다.
당신은 어떤 선택을 내릴 것인가

이 책을 집필할 때 전에 출간한 책들을 다시 한 번 읽어보았다. 1989년부터 오토바이로 세계일주를 한 뒤 2004년에 출간한 《월가의 전설 세계를 가다》를 다시 읽으면서 그 당시의 세계와 오늘날의 세계가 얼마나 크게 변화했는지 다시 한 번 깨달을 수 있었다. 융통성 없는 관료들 탓에 자유롭게 여행할 수 없었던 중국은 지금 세계에 문을 열고 패권국으로 발돋움하고 있다. 북한과 한국에는 남북통일이라는, 예전에는 생각할 수도 없었던 변화가 일어나려고 한다.

그러나 나의 근본적인 사고는 아무것도 변하지 않았다. 사물은 항상 변화하며, '역사는 되풀이된다'라는 진리를 알면 지금 일어나는 일들의 의미를 이해할 수 있다. 일본은 과거에 예상한 나쁜 시나리오대로 흘러가고 있다. 나는 《월가의 전설 세계를 가다》 일본 문고본 후기에 이렇게 썼다.

세계 일등국이자 가장 풍요로운 나라인 일본은 역설적으로 실망의 강에 빠져 있다. 일본은 인구통계학적 문제를 가지고 있다. 자살률은 사상 최고이며, 출산율은 사상 최저다. 이대로 가면 100년 뒤, 인구는 반토막이 나 6천만 명으로 줄어들 것이다. 일본은 그 부족분을 이민으로 받아들이려 하지도 않는다. 거액의 공적 부채와 융통성 없는 규제 또한 문제다.

이번에 집필한 책과 대조하면 15년 전에 거의 같은 문제를 제기한 것을 알 수 있다. 출산율은 여전히 정체되어 있고, 재정 적자로 인한 공적 부채는 더욱 엄청난 규모에 도달했다. 문제가 해결되기는커녕 악화되었다.

2004년 당시, 나는 일본에 대한 처방으로 기업가 정신을 키우라고 권했다. 죽은 나무를 베어내고 새로운 성장을 촉진해야 한다고 말이다. 이 조언은 지금의 일본에 더욱 중요해졌다.

이 책에서는 일본의 근본적인 문제를 다시 한 번 지적하고, 문제의 근원을 해결하는 방안을 제안했다. 나아가 성공적인 인생을 살기 위한 사고방식도 이야기했다. 이것을 실행할지는 당신이 판단할 일이다. 나는 많은 사람이 자신의 행복을 위해 행동할 수 있게 되기를 바란다. 그래야 이 세계가 더욱 건강해지지 않을까.

　이 책을 펴내기 위해 옥스퍼드 대학원 동창이자 싱가포르에 거주하는 고사토 하쿠에이가 인터뷰를 해주었다. 진심으로 감사의 마음을 전한다.

이 책 구성에 참조한 짐 로저스의 책

- 《월가의 전설 세계를 가다》, 굿모닝북스, 2004년
- 《짐 로저스의 어드벤처 캐피털리스트》, 굿모닝북스, 2004년
- 《백만장자 아빠가 딸에게 보내는 편지》, 한국경제매거진, 2013년
- 《세계에서 가장 자극적인 나라》, 살림출판사, 2019년
- 《백만장자가 인생에서 소중히 여기는 60가지》 (미출간)

짐 로저스의 일본에 보내는 경고

1쇄 인쇄 2019년 12월 20일
1쇄 발행 2019년 12월 30일

지은이 짐 로저스
감   수 고사토 하쿠에이
옮긴이 오시연

펴낸이 이형도
펴낸곳 ㈜이레미디어
전   화 031-908-8516(편집부), 031-919-8511(주문 및 관리)
팩   스 0303-0515-8907
주   소 경기도 파주시 회동길 219, 사무동 4층 401호
홈페이지 www.iremedia.co.kr
이메일 ireme@iremedia.co.kr
등   록 제396-2004-35호

편집 김동화, 김은혜
디자인 유어텍스트
마케팅 한동우
재무총괄 이종미
경영지원 김지선

ISBN 979-11-88279-66-1 03320

이 도서의 국립중앙도서관 출판예정도서목록(CIP)은 서지정보유통지원시스템 홈페이지(http://seoji.nl.go.kr)와
국가자료종합목록시스템(http://www.nl.go.kr/kolisnet)에서 이용하실 수 있습니다. (CIP제어번호: CIP2019046770)